指尖精粹
法国新闻与传播学辑要译丛
主编 刘 昶

Cultures de L'information　信息文化

［法］文森特·里克特 主编

宋嘉宁 译

中国传媒大学出版社
·北京·

译丛主编序言

本译丛出版选题由来

"指尖精粹·法国新闻与传播学辑要译丛"所选书目全部出自著名传播学大家、法国国家科研中心（CNRS）传播研究分院（ISCC）院长多米尼克·吴尔敦主编的"赫尔墨斯精粹辑要"系列（LES ESSENTIELS D'HERMÈS）。

在代表法兰西科学研究最高水平的学术机构——法国国家科研中心的框架内，其传播分院所有围绕新闻与传播学展开的科研工作——无论是传统性的思考还是前沿性的探索，都始终围绕"认知·传播·政治"（Cognition, Communication, Politique）的主轴，而各项研究成果的集大成者便是以古希腊神话中的众神使者赫尔墨斯来命名的学术期刊。这本具有国际一流水准的科研出版物每辑按不同主题成集（各辑主题目录详见附二）。

《赫尔墨斯》（HERMÈS）每年出版三辑左右，自1988年创刊至今已有近90辑问世（其中，与中国有关的分别为第55辑《公民团体与中国及东亚的互联网》和第79辑《金砖国家：被忽视的空间》，笔者作为该学术期刊的国际编委，忝居此两辑的联合主编之列），总共约请了世界各地近2000位国际学术权威为其撰稿，可谓学术硕果累累。而后，编辑部又将原先各辑学术论文中主题较为接近的文章重新选编修订成册，以袖珍本（口袋书）的形式出版，使得学术选题逻辑从原先的纵向性变成了而今的横向性，从而形成了一套新的主题系列——"赫尔墨斯精粹辑要"（丛书目录详见附一），读者手中的译作即选自这套丛书。

关于法国新闻与传播学的研究特色

法国的新闻传播的实践与研究自成风格。

不同于美国等西方其他国家的传媒体制，法国的主流媒体常常处于一种悖论境地，即在政治

译丛主编序言

上希望保持独立于政府之外的编辑方针，而在财政上又因囊中羞涩不得不依赖于政府的相关补贴。名列全球四大通讯社的法新社，即为例证：作为半官方的新闻通讯社，法新社在法理层面自诩"独立而不受任何政治、商业或意识形态的影响"，但实际上，其社长一直由政府任命，运营则由非公有性的董事会负责。

在日常的新闻传播实践维度，法式新闻报道风格也有别于英美同行，这或许是新闻价值判断及历史文化差异性所致。法国的调查性新闻报道既无可比肩大西洋彼岸媒体的深刻犀利，又每每着意规避个人隐私。例如，"水门事件"之类的报道及其后果在法国是难以想象的；而对于曾在美国极为轰动的总统与白宫实习生的绯闻，法国传媒界的反应似乎是见怪不怪、不足为奇。

上述传媒制度和报道风格投射到研究领域，自然会产生别样的学理思考，演绎出对新闻传播事业、产业、职业等的强烈怀疑，甚至引发对新闻传播实践中记者的权力、报道的独立性以及媒体的公信力的批判性质疑，相关的学术研究希冀能为所有这些疑问提供科学的答案。

在法国，除高校相关院系日常开展的新闻与

传播学教研工作之外,还有一些专门的学术机构、智库等也在从事新闻传播方面的研究,其中成果最成规模、贡献最为突出的是法国国家科研中心(相当于中国科学院与中国社会科学院的合体)下属的传播研究分院,该研究机构拥有一批享有国际声誉的学者,其学术研究依循五大路径展开:一是语言与传播(Language and Communication),二是政治传播、公共空间与社会(Political Communication, Public Space and Society),三是全球化与文化多样性(Globalization and Cultural Diversity),四是科技信息(Scientific and Technical Information),五是科学、技术与社会(Sciences, Technologies and Societies)。

显而易见,法国的新闻与传播学的研究范畴更为宽泛,从传统意义上的政治修辞/政治营销、斡旋调停、媒介、受众、仪式、刻板印象、知识生产、心理认知、话语权力、无法传播/传通现象,到经济、科学、体育、音乐与传媒等研究,再到近年来对文化多样性、互联网政治、死亡的物质性/非物质性、全球化、地缘政治、国际关系、健康/环境/城市传播、情报工作、安全政策、数字身份、可追溯性、数据治理、跨学科、网络游戏、算法与公共决策等前沿话题的关注,法国学界的研究旨趣由此彰显。

在学术观念上,法国新闻与传播学界内部形成了两个最基本的共识,即"没有他者,就没有传播",以及"信息不等于传播"。在法国学者看来,信息是资讯,而传播的本质则在于关系,是关乎21世纪和平或战争的博弈。基于这一认识维度,法国学者进而认为,21世纪的技术革命不是信息革命,而是传播革命,即关系的革命。因为时代问题的关键并不在于如何通过复杂的高新技术分发信息,而取决于成千上万的用户接受或拒绝信息的条件。著名学者多米尼克·吴尔敦甚至表示:"信息与他者的现实背道而驰。我们曾一直梦想着地球村,而我们重新发现了巴别塔。"

可以说,法国新闻与传播学的研究成果在一定程度上也代表了欧陆相同学术领域研究者们的思想。

简而言之,欧陆新闻与传播学研究与人文社科整体研究的特色较为一致,学术风格带有明显而强烈的批判色彩,与英美人文社科领域日益量化的学术走向迥异。欧陆人文社科学者似乎普遍比较认同"并非所有重要的东西都是可以被量化的，也不是所有能被量化的东西都是重要的"这一理念，故而在其研究方法上较多地偏重哲学思辨性的质化思维而非量化分析的路径。

关于译丛出版的学术愿景

其实，筹划《指尖精粹·法国新闻与传播学辑要译丛》出版的初衷简单而明了：只是为学界同道提供来自所谓"非通用语""小语种"国家的研究文本译介，并为已然拓展的国内新闻与传播学研究视野贡献些许不同于英美学术成果的新经验。

然而，众所周知，由于商品化经济的严重影响，当下的学术著作出版十分不易，出版界对于市场因素的考量日益加码，对利润的追逐成为难以摆脱的专业梦魇。本译丛的问世亦好事多磨（曾遭遇了原先应允合作的出版方的改弦易辙），所幸最终得益于中国传媒大学廖祥忠校长和中国传媒大学出版社曾白凌社长独到的学术眼光与难能可贵的学术坚持而刊行功成。

一如法谚所云，"结果好就一切都好"。编者

译丛主编序言

真诚地希望《指尖精粹·法国新闻与传播学辑要译丛》的出版能对国内学界相关研究的发展有所助益。

是也为序。

刘昶 谨识
2021年金秋于定福庄

附一 "赫尔墨斯精粹辑要"系列书目（主编：多米尼克·吴尔敦）

（按出版时间由近及远排列）

1. 《传播与道路安全》（Communication et sécurité routière）
2. 《互联的健康》（Santé connectée）
3. 《死亡的（非）物质性》（［Im］matérialités de la mort）
4. 《猛然一看》（A Vue de nez）
5. 《算法与公共决策》（Algorithmes et décisions publiques）
6. 《法德之间：无法传通与融合》（France-Allemagne：incommunications et convergences）
7. 《政治传播（修订版）》（La communication politique ［Nouvelle édition revue et augmentée］）
8. 《战争、军队与传播》（Guerre, armée et communication）
9. 《明天的食物》（L'Alimentation demain）
10. 《环境传播》（La communication environnementale）
11. 《从别处看郊区》（Banlieues vues d'ailleurs）
12. 《漫画与数字技术》（Bande dessinée et numérique）
13. 《体育与传播》（Sport et medias）
14. 《数字身份》（Identités numériques）
15. 《安全政策与数字监控》（Politiques sécuritaires et surveillance numérique）
16. 《信息文化》（Cultures de l'information）
17. 《城市、建筑与传播》（Ville, architecture et communication）
18. 《数字时代的科技信息与传播》（Information et communication scientifiques à l'heure du numérique）
19. 《漫画与社会联系》（Bande dessinée et lien social）

20.《增强的人类》(L'Humain Augmenté)
21.《无法传通》(L'incommunication)
22.《乌托邦》(Les utopies)
23.《知识产权》(Propriété intellectuelle)
24.《文化多样性》(La diversité culturelle)
25.《修辞》(La rhétorique)
26.《网络》(Les réseaux)
27.《艺术与科学》(Art et science)
28.《政治营销》(Le marketing politique)
29.《互联网与政治》(Internet et politique)
30.《传媒与舆论》(Médias et opinion publique)
31.《科学与传媒》(Sciences et médias)
32.《互联网是中立的吗？——基于传播学博弈的思考》(La neutralité de l'internet: un enjeu de communication)
33.《互助经济》(L'économie solidaire)
34.《传播》(La communication)
35.《翻译与全球化》(Traduction et mondialisation)
36.《论证》(L'Argumentation)
37.《传播的全球化》(La mondialisation de la communication)
38.《斡旋》(Médiations)
39.《被遗忘的传播学渊源》(Racines oubliées des sciences de la communication)
40.《仪式》(Le Rituel)
41.《信息社会批判》(Critique de la société d'information)
42.《文化共处》(La Cohabitation culturelle)
43.《平民与民粹主义》(Populaire et Populisme)
44.《新闻与传播学》(Les sciences de l'information et de la communication)
45.《知识社会》(Sociétés de la connaissance)

46.《接收》(La réception)

47.《电视》(La télévision)

48.《受众》(L'Audience)

49.《新闻行业》(Le journalisme)

50.《全球化时代的集体身份》(Les identités collectives à l'heure de la mondialisation)

51.《舆论》(L'opinion publique)

52.《政治传播》(Communication politique)

53.《法语国家与全球化》(Francophonie et mondialisation)

54.《公共空间》(L'espace public)

附二：《赫尔墨斯》创刊以来各辑主题（主编：多米尼克·吴尔敦）

（按出版时间由近及远排列）

第 87 辑：《博识》(L'érudition)，2021

第 86 辑：《音乐与世界》(Autant de musiques, autant de mondes)，2020

第 85 辑：《位于知识核心的传播》(La communication au cœur des connaissances)，2019

第 84 辑：《无法传通》(Les incommunications)，2019

第 83 辑：《依然并始终存在的刻板印象》(Les stéréotypes, encore et toujours)，2019

第 82 辑：《传播学研究新声》(Nouvelles voix de la recherche en communication)，2018

第 81 辑：《从传播到外交》(De la communication en diplomatie)，2018

第 80 辑：《非学科 30 年》(30 ans d'indisciplines)，2018

第 79 辑：《金砖国家：被忽视的空间》(Les BRICS, un espace ignoré)，2017

第78辑：《位居笔记本和键盘之间的学生》（*Les élèves entre cahiers et claviers*），2017

第77辑：《欧洲国家之间的无法传通》（*Les incommunications européennes*），2017

第76辑：《情报工作：开放社会中的封闭世界》（*Le renseignement, un monde fermé dans une société ouverte*），2016

第75辑：《罗曼语族：10亿个使用者》（*Langues romanes : un milliard de locuteurs*），2016

第74辑：《感官之道》（*La voie des sens*），2016

第73辑：《争论与传播》（*Controverses et communication*），2015

第72辑：《艺术家：与众不同的研究者》（*L'artiste, un chercheur pas comme les autres*），2015

第71辑：《被传播俘获的20世纪（卷2）》（*Le XXᵉ siècle saisi par la communication, vol. 2*），2015

第70辑：《被传播俘获的20世纪（卷1）》（*Le XXᵉ siècle saisi par la communication, vol. 1*），2014

第69辑：《性爱》（*Sexualités*），2014

第68辑：《他者并非数据：他者性、身体与人造物》（*L'Autre n'est pas une donnée. Altérités, corps et artefacts*），2014

第67辑：《跨学科性：介于学科与无章法之间》（*Interdisciplinarité : entre disciplines et indiscipline*），2013

第66辑：《归类、思考与控制》（*Classer, penser, contrôler*），2013

第65辑：《全球化语境中的太平洋世界》（*Le monde Pacifique dans la mondialisation*），2013

第64辑：《处于专业知识核心地位的研究人员》（*Les chercheurs au cœur de l'expertise*），2012

第63辑：《墙与边界》（*Murs et frontières*），2012

第62辑：《视频游戏：当玩耍即传通时》（*Les jeux*

vidéo: quand jouer, c'est communiquer), 2012

第 61 辑：《传播棱镜中的博物馆》(*Les musées au prisme de la communication*), 2011

第 60 辑：《埃德加·莫兰：冒着自由思想的风险》(*Edgar Morin, aux risques d'une pensée libre*), 2011

第 59 辑：《所谓社交的数字网络》(*Ces réseaux numériques dits sociaux*), 2011

第 58 辑：《套话》(*Les langues de bois*), 2010

第 57 辑：《科学网站：自由进路与开放的科学》(*Sciences. com: libre accès et science ouverte*), 2010

第 56 辑：《翻译与全球化（卷 2）》(*Traduction et mondialisation*, vol. 2) 2010

第 55 辑：《公民团体与中国及东亚的互联网》(*Société civile et Internet en Chine et Asie Orientale*), 2009

第 54 辑：《漫画：公认的艺术与未知的媒体》(*La bande dessinée: art reconnu, média méconnu*), 2009

第 53 辑：《可追溯性与网络》(*Traçabilité et réseaux*), 2009

第 52 辑：《世界上的记忆之战》(*Les guerres de mémoires dans le monde*), 2008

第 51 辑：《文化多样性的校验》(*L'épreuve de la diversité culturelle*), 2008

第 50 辑：《传通与创新》(*Communiquer-Innover*), 2008

第 49 辑：《翻译与全球化（卷 1）》(*Traduction et mondialisation*, vol. 1), 2007

第 48 辑：《被遗忘的传播学渊源》(*Racines oubliées des sciences de la communication*), 2007

第 47 辑：《公共话语：城邦里的传通》(*Paroles publiques, communiquer dans la cité*), 2007

第 46 辑：《国际事件与国家视角》(*Evénements mondiaux, regards nationaux），2006

第45辑：《知识社会的裂痕》（Fractures dans la société de la connaissance），2006

第44辑：《经济与传播》（Économie et communication），2006

第43辑：《仪式》（Rituels），2006

第42辑：《民众、平民与民粹主义》（Peuple, populaire, populisme），2005

第41辑：《社会心理学与传播》（Psychologie sociale et communication），2005

第40辑：《法语国家与全球化》（Francophonie et mondialisation），2004

第39辑：《数字理性批判》（Critique de la raison numérique），2004

第38辑：《新闻与传播学》（Les sciences de l'information et de la communication），2004

第37辑：《受众：报刊、广电与互联网》（L'audience. Presse, Radio, Télévision, Internet），2003

第36辑：《经济、互助与民主》（Économie, solidaire et démocratie），2003

第35辑：《记者还有权力吗？》（Les journalistes ont-ils encore du pouvoir?），2003

第34辑：《空间：政治博弈》（L'espace, enjeux politiques），2002

第33辑：《法国与海外：文化博弈（卷2）》（La France et les Outre-mers, L'enjeu culturel, vol. 2），2002

第32辑：《法国与海外：文化博弈（卷1）》（La France et les Outre-mers, L'enjeu culturel, vol. 1），2002

第31辑：《舆论：盎格鲁-撒克逊的见解》（L'opinion publique, Perspectives anglo-saxonnes），2001

第30辑：《南北关系中的刻板印象》（Stéréotypes dans les relations Nord-Sud），2001

第29辑：《嘲笑与争论》（*Dérision-Contestation*），2001

第28辑：《拉丁美洲：文化与传播》（*Amérique latine, Cultures et communication*），2000

第27辑：《"法国地方民主网站"（卷2）》（*www. démocratie locale. fr*, vol. 2），2000

第26辑：《"法国地方民主网站"（卷1）》（*www. démocratie locale. fr*, vol. 1），2000

第25辑：《设备：介于使用与概念之间》（*Le dispositif, Entre usage et concept*），1999

第24辑：《欧洲的文化共处（卷2）》（*La cohabitation culturelle en Europe*, vol. 2），1999

第23辑：《欧洲的文化共处（卷1）》（*La cohabitation culturelle en Europe*, vol. 1），1999

第22辑：《迷因：模仿、表征与流通》（*Mimesis. Imiter, représenter, circuler*），1998

第21辑：《科学与传媒》（*Sciences et médias*），1997

第20辑：《所有的文化习俗都一样？》（*Toutes les pratiques culturelles se valent-elles?*），1997

第19辑：《民主化道路与绝境》（*Voies et impasses de la démocratisation*），1996

第18辑：《传播与政治（卷2）》（*Communication et politique*, vol. 2），1995

第17辑：《传播与政治（卷1）》（*Communication et politique*, vol. 1），1995

第16辑：《论证与修辞（卷2）》（*Argumentation et rhétorique*, vol. 2），1995

第15辑：《论证与修辞（卷1）》（*Argumentation et rhétorique*, vol. 1），1995

第14辑：《图像中的公共空间（卷2）》（*Espaces publics en images*, vol. 2），1994

第13辑：《图像中的公共空间（卷1）》（*Espaces*

译丛主编序言

publics en images, vol. 1), 1993

第 12 辑：《寻找公众：接受、电视与传媒（卷 2）》(*A la recherche du public*, *Réception*, *télévision*, *médias*, vol. 2), 1993

第 11 辑：《寻找公众：接受、电视与传媒（卷 1）》(*A la recherche du public*, *Réception*, *télévision*, *médias*, vol. 1), 1993

第 10 辑：《公共空间、传统与社区》(*Espaces publics*, *traditions et communautés*), 1992

第 9 辑：《更动中的边界（卷 2）》(*Frontières en mouvement*, vol. 2), 1991

第 8 辑：《更动中的边界（卷 1）》(*Frontières en mouvement*, vol. 1), 1991

第 7 辑：《贝特朗·鲁塞尔：从逻辑到政治》(*Bertrand Russel*, *de la logique à la politique*), 1990

第 6 辑：《个人与政治（卷 2）》(*Individus et politique*, vol. 2), 1990

第 5 辑：《个人与政治（卷 1）》(*Individus et politique*, vol. 1), 1990

第 4 辑：《新的公共空间》(*Le nouvel espace public*), 1989

第 3 辑：《普通心理学与认知科学》(*Psychologie ordinaire et sciences cognitives*), 1988

第 2 辑：《大众与政治》(*Masses et politique*), 1988

第 1 辑：《传播中的政治理论》(*Théorie politique en communication*), 1988

丛书中文版总序

传播的政治理论基础

无法避免的他者性问题

1. 在各个国家里、在不同的文化背景下，所有的人都在寻求传播和沟通、寻求各种关系和交流，都在寻找爱情和相互理解。进行传通（communiquer）就是实实在在地生活。人们都在观察那些与自己相像的人、那些自己希望与之相处的人。

2. 可惜的是，我们很快就遇到了无法传通/无法传播（incommunication）的问题，（因为）他者（l'autre）没有如约到位。为了寻找相同，我们发现了不同。各种困难亦随之产生。如何解决呢？通过协商或可找到相同点，这也正是我们花时间在做的事情……我们应该避免无法沟通蜕变为厌烦传播/厌烦传通（acommunication），即蜕变为失败、沉默、死亡。进行传通最常见的做法就是展开协商。进行传通最终意味着为了实现共处需要面对三种体验,即寻求分享、发现无法传通以及进行必要的协商。可能的话,还应避免厌烦传通现象的发生。简而言之,传通活动始终是一种冒险和对赌。如果意识到人们交往中各种表述、偏见、刻板印象等所占的分量,就足以理解相互体谅从来都不是自然而然的,而且多么需要人们的共同努力。

3. 如果说没有信息就没有传通(两者密不可分),传通活动就更复杂了,因为信息就是讯息,就是沟通,就是关系,亦即与他者的关系。由此,一切都复杂化了。人们必须与他者打交道,才会不再孤单。这主要是因为信息和传通越多,接收者的作用就越大。但是说到底,传者、讯息和受者很少在同一水平线上。告知讯息并不等于进行传通/信息不等于传播(Informer n'est pas communiquer)。传通中协商的重要性解释了为什么它只有在民主社会才具有现实可能,因为,在那里,传通活动的主角们是自由和平等的。传通活动始终意味着民主理念中的一种政治价值——以尊重他者为先决条件,这主要是因为传通总是关联两个维度:一个关乎交换价值的规范性,另一个关乎我们社会必需的功能性。这就是我所说的、总是介于理想和必然之间的"传通活动的双螺旋桨",这解释了传通活动的意义和复杂性。传通活动总是比想象的还要复杂，这就是它不能离开信息而存在的理由。

4. 如果没有接收者的话，也就不可能有传通活动。接收者虽然并不总是理智的——事实上亦是如此，但也不能无视它。接收者是他者性（l'altérité）最重要的象征，是传通困难的核心问题。没有人说接收者必须顾及语境和种种参差不齐，不过，在民主制度的框架内，相互矛盾的观点、辩论和争议等至少可以共存。因此，接收者是信息和传通必要的补充。

信息很重要，它将政治、体制、服务、知识和关系五大向度融为一体。而传通也同样重要，它关涉主导力、传输力、分享力、表达力和协商力等五种与环境有关的因素。

信息的霸道和传通的过度贬值或许是目前存在的两座暗礁？事实上，信息与传通二者是密不可分的，它们创造了自由、人与人之间的平等和思想的解放，它们是17世纪到20世纪之间发生的裂变的非凡成果。裂变之巨大，使我们对其空前的重要性、其稀有性或脆弱性都无法估量。我们已经太习以为常了，所以再也看不到其代价及品性了。但不管怎么说，这两个概念与同一个历程——身心解放的历程紧密相连、密不可分。无论在个人关系层面还是社会关系层面，信息和传通的政治含义都是显而易见的。

试举一例来说明信息与传通之间各种关系的重要性和复杂性：在以往，信息曾一直是事件、是失和，其中政治性信息是最明显的例子，信息也一直是一种战利品、一种稀有财富；而传通，曾一直是社区和社会的天然联系。但如今，一切都反转了。信息变得无处不在，并成为一种连续的流动，其中最重要的标志就是数据产业的诞生。我们生活在各式各样的信息海洋中。传通反倒变得越来越稀罕和困难。尽管有各种各样的交互技术，但人们之间的相互理解却不再容易了。他者不一定如约而至。信息便利性增加的同时，传通却更加困难了。是啊，如果传通最终也可以像信息一样简单该有多好……

5. 随着合作伙伴之间的交流和平等关系的增多，人类传通固有的困难也在增加。而与电话、广播、电视和数字相关联的技术传通的日益成功正是这些困难增多的原因。技术性传通不像人类传通那样复杂，它速度更快、效率更高，而人类传通总是脆弱的和不确定的。技术性传通之所以取得成功，是因为技术更加完善。在处理人类相互理解方面的困难上，技术的交互性功不可没。而理性则是应对社会和文化失序的不二法门。仔细观察这里面的问题可以发现，成功的技术性传通与不可名状的人类传通有着令人惊奇的相似性……在高效技术的背后，往往是人们寻求的人类传通。仅举一例即可道明此理：而今智能手机的技术性能令人难以置信，但每天人们最常被问及的问题却是："你在哪里？"……

6. 这好歹解释了 GAFA，即谷歌（Google）、苹果（Apple）、脸书（Facebook）和亚马逊（Amazon），以及整个数据产业的成功。面对人际关系方面不可避免的困难，技术性的完美胜利培育了一个可观的市场。再加上技术意识形态的强势：从机器人到人工智能和算法，其间还有以传通自由为标志的网络，而这一切都只关乎"流动性和互动性"，还没算上人们对某种"平等而万能的""数字社会"的向往，个中，一切或都将归结于连续性，即便传通活动的前提从来都是间断性和权力平衡。

当前最具紧迫性的挑战是什么呢？我的回答是传通的去技术化，是重新回归大写的人、回归政治和社会。传通的本质是政治性的，因为在大多数时候，传通就是协商。人们可以在还没有进一步了解彼此的情况下增加交流的次数。他者性问题是 21 世纪最大的问题。

从根本上而言，一直存在着两种对立的传通观念：一种是大多数人的、技术性和经济性的传通观念，在他们看来，技术和市场催生了新的社会形态；另一种则是我捍卫的、少数人的传通观念，侧重于人文性和政治性。伴随着这两种传通观念，人们最终形成了对社会的两种看法。

我的见解与表象相反，我不认为技术和数字世界是"增强性民主"的同义词。归根结底，传通活动仍然是一个人文和政治的、非技术和经济的问题。传通活动关乎与世界、与他者的关系。交互性并不是相互理解的同义词。要谨防"互动性孤独"盛行；要小心"非合法化"可能会悄然损害"信息"和"传通"这两个概念，"信息"尤其可能变成"误导性虚假信息"（infox），而"传通"有可能沦为"搞关系"（com）；要留意那些令人生疑的夸张表述，过后它们会成为对民主社会基本价值观的攻击；还要谨防文字失去活力，没有文字，人们就无法思考或行动；（最后）也要提防将互联网（如同所有得到的谈论不足的其他媒体）在专制政治中的民主作用与互联网在民主政治中更具争议性的角色混为一谈。

7. 伴随"信息和网络革命"而来的全球化导致了社会层面和经济层面的新的不平等，但最重要的是，它引发了各种文化身份问题。一个开放的世界是不可或缺的，但前提在于各方保持各自的文化根源和各自的身份。文化再次成为"互动而理性的无疆界社会"的冲突因素之一,它是缓解"现代性"种种冲击的良方。

对这个矛盾的世界的思考,还必须重视信息和传通在诸种知识理论中的作用。离开了传通活动,位于各种知识(信息、文化、交流、认识)正中心的跨学科性和协商就不可能存在,传通对于思考21世纪开放而充满暴力的世界是至关重要的。

8. 这就是我所说的经济世界化(mondialisation)和政治世界化之后的"第三次世界化"。广义上的文化以及各种知识与政治和经济一样是必不可少的。保护各种文化身份以及各种社会差异和认知差异的转向和需要、保护文化与政治之间日益紧密的联系,是没有什么能够阻止的。只要了解当今一些国家为何以及如何重新书写自己的历史,就足以了解文化与政治之间的种种博弈……

他者性和无法传通现象重新回到历史的中心。而当前最大的问题依然在于仇恨他者。21世纪的挑战是如何在一个开放的世界中和平共处,在这个世界里,每个人都能看到一切,所有最终加剧了误解和相互不信任的文化差异都是可见的。长期以来等同于自由和身心解放的传通活动,可以反转并被专权和非自由主义政体独占,传通恢复了其作为权力特权的古老传统。这是多么可怕的倾覆……当代各种例证比比皆是。控制论的世界和数字世界并不完全是太平的。

9. 一个"透明和互动"的世界并不比之前的世界更加和平或更容易被理解。文化多样性是一种事实，但经常是以激烈的方式让人们接受的。建构既尊重不同的文化身份又尊重共识价值的文化共处，渐次成为无法回避的政治愿景。其重要性何在？在于可以避免割裂和社群主义。而尊重文化多样性的首要条件又是什么呢？是保留由各种合理化和文化控制环绕的语言多样性。这种变化至少与生态变化一样引人注目。

与生态相伴，就必须学会与大自然和动物们共处。而与传通相伴，就必须学会与所有的人、与不同的社会、与文化多样性和他者性共处，但这更复杂、更困难，因为人们说长道短、互不信任，而最常见的还有相互对立。简而言之，与自然和动物们和平相处比与人和平相处要容易得多。否认文化多样性的政治影响也就是否认他者性的价值。

传通与文化多样性究竟是怎么回事？它们是21世纪初最关键的政治问题之一，关乎和平还是战争，因为发动战争的不是机器人，而是人和社会。因此，21世纪最大的问题在于他者。当一切或几近一切分离我们,甚或使我们对立的时候,我们又如何和平共处,如何进行协商呢?

10. 欧洲是无法传通获得成功的首个范例。欧洲人凡事都难以达成一致,什么事情都要反对,然而他们仍然待在一起。无尽的协商能够带来妥协,能够赋能外交和建构共处。在此,我们重新发现了传通中协商的政治定义:"当人们无法达成一致的时候,就发明了各种协定。"每天,27个欧盟国家几乎在所有事情上都意见不一,但却能够以民主的方式做出决定,这是一个在其他任何地方都不存在的历史奇迹。为什么欧洲人从不为此感到自豪和高兴?如果欧洲这种"无法传通的胜利"是一种成功经验的话,或可推广到其他大陆。

取得传通第一场胜利的是欧洲吗?所有关乎身份、与他者的关系、疆界、文化多样性、协商、无法传通和共处等的问题,都已被欧盟提出来并正在讨论之中。这一世界上最大的政治、和平与民主的策源地将传通置于政治生活、社会生活以及文化生活的中心。

多米尼克·吴尔敦(Dominique WOLTON)
国际传播学期刊《赫尔墨斯》
暨"赫尔墨斯精粹辑要"系列主编
2021年7月

目 录

概述：有关信息文化的历史、文化及其传播

  层面的思考 /001

信息文化：认识论层面的异同 /020

信息技术的政策和学术维度 /039

面对信息的一般文化 /054

在职场中提供信息和获得信息：

  技术资料的使用 /072

大学里的信息文化：知识为中心

  与知识的重要性 /094

通过科学出版物一窥法国信息素养 /115

信息跨文化：信息的多文化特性 /136

术语汇编 /151

精选参考文献 /165

各篇文章作者简介 /169

概述:有关信息文化的历史、文化及其传播层面的思考

文森特·里克特

"共同文化"的地位及界定问题一直以来是政治、社会、社团组织乃至经济界人士的研究对象。在对该问题的长期探索中,各级各类学校通常扮演着保证人人平等接触这种共同文化的角色。例如,茹·费理(Jules Ferry)时期的共和国小学就是建立在向法国全体儿童传授某种共同文化的原则之上的。这种具有共和思想的文化基于孔德实证主义[①]的构想,试图培养孩子们的对社会和政治秩序的敬畏之心,同时通过一定程度的爱国主义教育教导孩子们尊重国家。我们从这里可

---

① 奥古斯特·孔德(1798—1857)的实证方法旨在消除所有抽象的形而上学的思考,为知识的合理性建立标准,甄别并理解支配社会的规律。

以看到文化论证的力量，以及它的政治目的和意图。

"文化"一词具有两层含义：

一是强调参考性知识、权威内容的重要性，让人联想到一种综合性的、经典的知识。这种知识与作者、文献和积累等因素无关，事实上强调知识本身。人们主要通过学校及其他社会组织等教育形式来获取（如课外活动社团）这种文化。

二是强调对生活的体验，了解世界，察看他人。如，大众文化、资产阶级文化、犹太基督教文化等。这种文化通过诸如宗教教育、社会活动和文化习俗等多样的方式传播。

本书中我和安娜·科尔迪埃（Anne Cordier）合著的部分探讨信息文化*与一般文化之间的关系。一般文化经常在社会、职场和学校等场合中出现。这两种文化在何种程度上是一样的，又在何种程度上有根本的区别呢？

面对信息爆炸，重新认识文化

在技术、大众媒体和文化产业*广泛出现并

概述：有关信息文化的历史、文化及其传播层面的思考

飞速发展之前，一般文化和信息文化的分界在现代社会史上是相对稳定的。后来，关于文化的论述和理论逐渐引起了社会对当今文化标准化和文化普及化的关注。特别是在最富裕的国家，文化标准化依托于当代共同文化的概念展开。而这种当代共同文化由大众传播媒介所构成，充斥着广告和促销式的话语，导致原有的审美体系解体，对传统的文化论述形成冲击（Adorno，1970）。因此，我们看到发财致富和社会成功的成功文化、人际关系的商品化、崇尚消费和个体展示的文化逐渐出现。在法国，学界曾在20世纪80年代初期开始试图开展媒体教育*，主要是分析电视节目和报刊。到了20世纪90年代中期，随着互联网和数字技术的飞速发展，媒体教育得到进一步深化。

继文化大众化及其影响的分析出现后，"知识面狭窄"假说也随即出现（Klein，2009）。"知识面狭窄"假说重点关注互联网和数字领域通过调动认知途径来获取和内化知识的问题。我们由此得知，谷歌领衔研发的搜索和获取内容的各类工具并非向我们提供不断海量增长的新知识，而是导向文化信息和网帖的技术手段，并逐步将个人

限定于自己的兴趣、喜好和业务活动。

然而，综合运用认知和传播来观察知识和信息文化的构建，旨在于在搜索和获取人们在信息场景中发现、接受和认可他者（l'Autre）的持续意愿。安吉拉·斯塔尔德（Angèle Stalder）和埃里克·德拉莫特（Éric Delamotte）在本书中从技术资料的应用这个角度，介绍了信息文化，并进行了微观社会解读，讲述了如何在职场环境下理解和应用信息文化。

一种要求人们从社会层面来观察信息文化的新方法逐渐形成。它聚焦公民问题，并对主流经济逻辑、政治逻辑以及消费者逻辑进行思考和批判。亚历山大·赛尔（Alexandre Serres）将在本书中说明信息文化这一概念是如何在大学里逐步出现的，以及人们在哪些层面上定义信息文化。这位作者主要介绍了六种信息文化，强调了文化多元性和多样性。

研究信息文化的兴起不能脱离数字鸿沟的问题（这里既涉及信息技术获得层面上的鸿沟，又涉及内容流通层面上的鸿沟）。不同的原因会导致数字鸿沟的出现，令人与人之间存在种种差异：如信息基础设施的缺乏、经济原因带来的无法获

概述：有关信息文化的历史、文化及其传播层面的思考

取信息高速公路*上的内容的问题、关注基本和初级需求而非信息需求，以及网络内容审查，等等。所有这些问题都在启示我们，信息文化的兴起和发展，本质上都归结为一个政治问题（Laulan et Lenoble-Bart，2014），这个政治问题影响着人们对信息和知识的获取、筛选、分析、内化乃至抗拒的过程。

界定信息文化

信息文化不等同于对信息的使用或习得，也不是掌握信息和传播技术。克劳德·巴勒兹（Claude Baltz，1998）建议要超越纯粹技术性和批判性的观点，依靠系统的知识、他者的观点、环境和行为方式，建立一种基于信息传播学的真正的信息文化。他勾画了理解信息的文化*的一套理论节点，包括"去本地化"、媒介（Liquète，2010）、符号、超文本*和样式。他认为，从这些节点出发，可以构建一种世界观、一本"信息圣经"，甚至一个新的时空。巴勒兹的语汇反映了他对一个新领域的认识，对一个当前的知识体系无法满足的领域的认识。这一观点源于一个重大的、革命性的文化社会变革过程，也改变着我们对世界的认识以及对自身认知体系的认识。

与此相似，米拉德·杜威希（Milad Doueihi, 2011）最近提出了"数字人文主义"的概念。他认为，数字人文主义"是庞杂的文化遗产和社交技术交融的结果，这是前所未有的"。一条信息通过数据算法*、写入和编码*等信息技术层面的处理，通过数字文件和复杂的信息系统等步骤，最终过渡到知识。

信息素养和信息文化

无论所处何地，大中小学都围绕该主题做过很多深入研究。我们可以发现，很多研究目标完全不同的项目都在学校中进行，尤其是在大学。在澳大利亚和美国的官方资料中，这些项目通常是围绕改变教学方式展开的；而在加拿大和欧洲，这些课程项目则是为了满足劳动者适应技术和职业发展的经济需求展开的，将学校的课程设计尽量同就业需求接轨。因此，根据上述需要，加拿

概述：有关信息文化的历史、文化及其传播层面的思考

大和欧洲的大学设置了相关的研究项目①、课程*和认证证书，不过，最后的课程效果参差不齐。

随后，在经济发达的社会中，很快就出现了两种思想，一种主张应支持信息文化的蓬勃发展，另一种则强调要发展信息素养*。盎格鲁-撒克逊人在使用"文化"一词时，强调共同行为的人类学意义。比如亨利·詹金斯（Henry Jenkins，2013）提倡的文化聚合，即聚合传统学校文化和信息媒体文化。"素养"一词则恰恰相反，它在积极学习的过程和学术体系下形成，但不局限于传统的学校形式（即课堂、老师、学科、评分）。在法国，"文化"一词的定义更加模糊，因为它既指通过社会活动或社会表征出现的内容，又指在学校形成的内容（一系列文化：人文文化、科学文化、信息文化等），最终旨在形成一个大写的文化，提高人在社会中的地位，并为其自由②创造条件。本书第一篇文章的作者安娜·雷曼建议通过历史角度和比较研究的角度，对比欧洲、法国、

---

① 参见埃尔泰（Erté）的著作《Culture informationnelle et curriculum documentaire》，[线上版]。网址链接：http://geriico.recherche.univ-lille3.fr/erte_information/?/01/。
② 法语中术语含义的模糊或许解释了素养和文化的区别。

盎格鲁-撒克逊世界和北美对于信息文化的不同解释，从而对信息文化作出界定。

值得指出的是，北美的"信息素养"和欧洲的"信息文化"这两个概念在很多层面是有区别的。北美的"信息素养"是以提高能力为目标的，而欧洲的"信息文化"则指的是试图达到某个知识水平；从教育目标来看，北美的"信息素养"以使用为目的，而欧洲的"信息文化"则试图识别什么是正确的（真实性）；最后，北美培养"信息素养"的办法是把这方面的教育纳入整个学习过程中，而欧洲的"信息文化"则强调开展成体系的、正式的信息教育。

这两个概念的差异还在于，盎格鲁-撒克逊国家更侧重于信息的实用性和知识工具化，知识服务于经济和社会；而在欧洲人看来，特别是对法国人来说，"信息文化"涵盖的范围更广，指向服务于解放人类的教育和某种形式的思想自由。这里对于"人"这一概念的解释也是完全不同的：盎格鲁-撒克逊国家侧重强调身处相互交织和互动的集体网络中的个人，面对知识要独立自主。欧洲则侧重在学校里接受培训的个人对信息的搜索、评估和内化。约朗德·毛利（Yolande Maury，

概述：有关信息文化的历史、文化及其传播层面的思考

2013）认为，"信息文化"和"信息素养"是对立的，信息文化指"生活在信息世界中的个体在社会和文化层面所应该知道的一切"，而盎格鲁-撒克逊国家的"信息素养"概念主要强调操作性，仅仅指所有实用的能力。

一些人试图提出某种模式，以获得适应各类环境（技术环境、信息环境、网状环境等）的能力，而另一些人则聚焦于形成信息场景的思想和批判性思考。奥利维·勒德夫（Olivier Le Deuff）指出，信息文化的表征非常模糊，甚至对于一些信息和文献专业人士来说也是如此。他指出，一方面，"信息文化"具有"信息素养"所不具备的公民性，另一方面，它是记忆载体（hypomnemata），因为它"依托于技术手段传播"（Le Deuff，2009，p. 45）。贝尔纳·斯蒂格勒（Bernard Stiegler，2008）在他的著作中给文化下了一个十分经典的定义，即"文化是集体继承先人的能力"，而技术是该能力得以传承的条件。奥利维·勒德夫引用了贝尔纳·斯蒂格勒的部分内容，并建议在定义一整套概念的时候考虑文献的传承。这些概念被传播后，可以让学习者能够控制自己和自身的注意力。

如今，新闻学、传播学、认知学、信息学和社会学等众多领域的学者都在研究信息文化。世界范围内出现了一个多元繁荣的出版市场。朱玛娜·布斯塔尼（Joumana Boustany）在本书中向我们展示了这一问题逐步发展的过程，同时也对这一主题进行了多样的阐释。

技术飞速发展下的信息文化

信息文化试图摆脱人们掌握技术工具的盲目性，因为二者之间的关系太过密切。在本书中，布鲁诺·奥利维（Bruno Ollivier）和弗朗索瓦丝·蒂博（Françoise Thibault）关注当代社会中出现的信息文化；在国家相关政策的出台和关于知识的使用和构建的研究大量出现的大背景下，两位学者在他们的文章中展望技术的发展。

早在20世纪50年代，吉尔伯特·西蒙登（Gilbert Simondon，2012）就对"技术和信息文化"之间的关系进行了思考。他认为，技术是操作工具，用来帮助人思考，而非与之对立。同样，面对网络文化的出现，皮埃尔·列维（Pierre

概述：有关信息文化的历史、文化及其传播层面的思考

Lévy，1997）也不认为技术和网络的飞跃性发展是人类异化的原因，而认为网络是解放人类的工具。如此一来，文化和技术二者之间的关系把信息变成了当代思考的核心，而且这样的关系还赋予了信息一个新的价值，主要围绕对知识的建构、组织和划分知识问题展开（Liquète et Kovacs，2013）。

然而，在20世纪70—90年代，一种全然不同的解读出现了，主要代表人物有社会展望学研究家阿尔文·托夫勒（Alvin Toffler，1974）和后来的乔尔·德·罗斯奈（Joël de Rosnay，1995）。后者是这一新解读的杰出代表：1995年，他宣布经济范式出现深刻变化，即工业社会过渡到信息社会，"选择性的"智慧过渡到集体智慧，在一种新的生态环境下，工作、休闲、文化、时间和空间彼此之间的关系会被颠覆，人类通过信息技术和信息网络学习，进而知识也将逐步发生改变。

从生态角度[①]对信息和技术描绘可持续行为及状态的特征进行的研究,将个人活动与技术背景的发展联系起来(Engeström,1987)。这个可持续性并不仅仅建立在对信息系统和信息的掌握上,它实际上是一个整体的过程[②],包括技术、认知、情感和社会等众多维度,这些维度是循环的,而非线性的。这个整体的过程能够以信息为基础建立意义。

早在2003年,多米尼克·吴尔顿(Dominique Wolton)就指出,没有普遍适用的信息,因为信息总是自动与价值和利益联系在一起。信息所处的文化区域赋予信息不同的意义。这个关键的假设让我们在认识"信息文化"的时候,不是围绕某一个绝对的特定原则,而是围绕情景和学习形

---

① 例如詹姆斯·杰罗姆·吉布森(James Jérôme Gibson)指出,主体直接做出适应环境的反应。它因此不会按照信息本身的呈现方式处理信息;主体仅仅会把信息提取出来。因此,对于被观察的、在环境中的主体来说,信息不需要编码就可以具有意义。

② 在人文科学中,整体方法是从整体角度理解一个复杂、动态和连贯的社会文化,其构成要素是相互关联的,因此必须被加以研究。整体方法认为个人至少部分地由他所在的群体所决定。

概述：有关信息文化的历史、文化及其传播层面的思考

式的多样性和丰富性来认识"信息文化"的。因此，本书选择通过多个领域和复数形式的标题"信息文化"来呈现多种信息文化。

伊夫·让纳雷（Yves Jeanneret，2007）不认为单纯信息技术的出现造成了革命性改变，但他并不否认技术和文化之间的关系。他指出，文化变革的概念源于传媒产业，因此，从文化效果的角度分析，对技术产品的使用离不开其生产条件。和杰克·古迪（Jack Goody，1979）一样，让纳雷认为对书写体系的分析是所有文化创新的基础，技术设置*仅仅和载体相关，而并非和大众公认的信息相关。与此同时，他并不否认信息技术的使用会带来重要的文化影响，他将信息技术使用的方式分类为拓扑、实用、记录和编辑等不同层面。在本书中，伊夫·让纳雷建议我们把重点从技术问题重新转移到对文化问题的思考上来。莫妮卡·马洛温也赞同这个观点。她在文章中提到要超越目前存在的"多元文化*"或"全媒体素养*"[①]的概念。她认为，我们对信息和获取技术应采取多元文化的态度。

---

① 详见：http://www.translit.fr/。

信息文化

《赫尔墨斯》期刊对信息文化问题的贡献

虽然《赫尔墨斯》从未出版过关于信息文化的专刊，但从 20 世纪 90 年代末以来，许多文章开始大量关注文化行为，特别是涉及计算机和互联网的文化行为。在第 25 期中，《使用和概念》（1999）一文指出了用来界定信息"新用法"的技术层面和网状化层面的界线。这篇文章中提到的日常生活目标[1]，是我们理解文化行为的出发点。其他作者则论及电视[2]或虚拟校园[3]等对理解文化行为带来的影响，认为人们需要思考这些新出现的信息使用形式。

可以说，数字文化和知识产业等新产业的发展同样需要我们逐步建立一个分析、批判和理解

---

[1] Tisseron, Serge, «Nos objets quotidiens», *Hermès*, n° 25, 1999, p. 57-66.

[2] Nel, Noël et Flageul, Alain, «Télévision : l'âge d'or des dispositifs (1969-1983)», *ibid.*, p. 123-130.

[3] Peraya, Daniel, «Médiation et médiatisation, le campus virtuel», *ibid.*, p. 153-167.

概述：有关信息文化的历史、文化及其传播层面的思考

的框架。《赫尔墨斯》期刊第 39 期中的《对数字技术的批判》（2004）一文指出，应重新围绕数字化和网络来定位认知体系，这就需要用实用主义的眼光对信息的使用加以分析，并把在学习中遇到的困难进行分类梳理[①]。

今天，考虑到信息网的全球化以及经济发达国家不断上升的地位，关于信息文化的研究也同时需要考虑这种文化的差异性和存在的多样性。第 45 期《赫尔墨斯》中的《知识社会中的断裂》（2006）一文，提到了数字断裂和发展中国家经济崛起的概念。第 50 期中的《传播、创新、网络、设置和领土》（2008）一文围绕网络参与[②]和工作中多任务处理与活动转换[③]等现象的出现，提出

[①] Charles Crook,《La formation en ligne mieux que l'enseignement classique… : un pari hasardeux》, p. 69-76 ; Dominique Cotte,《Écrits de réseaux, écrits en strates : sens, technique, logique》, p. 109-115 ; Luc Jaëcklé,《La temporalité des médias dans l'apprentissage》, p. 143-150, *Hermès*, n° 39, 2004.

[②] Aguiton, Christophe et Cardon, Dominique,《Web participatif et innovation collective》, *Hermès*, n° 50, 2008, p. 77-82.

[③] Licoppe, Christian,《Logiques d'innovation, multiactivité et zapping au travail》, *ibid.*, p. 171-178.

信息文化这个概念。第51期的几篇文章又涉及了这些问题。如《文化多样性的考验》一文就互联网漫游现象与个人网络生活能力的培养①展开论述。

最后要说的是，2009年以来，《赫尔墨斯》期刊提出了一个新的研究领域，涉及公民对网络与知识传播技术的抵制和思考。第53期的《可追溯性和网络》一文探讨了集体认知问题，以及认识和理解信息网络可追溯性的必要性问题。针对公众发出的抵触的声音，奥利维·勒德夫②（Ollivier Le Deuff）在第59期上发表了《被称作社交网络的数字网络》（2011）一文。这篇文章希望将教育和社交数字网络的生产者联系得更紧密。培养这一紧密联系的核心就是培养年轻人乃至培养全体公民。

学者们也开始对信息文化的多样性进行研究。研究不仅仅涉及经济、技术、教育和社会领域，

---

① 参见 Prouxl, Serge, «Des nomades connectés, vivre ensemble à distance», *Hermès*, n° 51, 2008, p. 155-160.

② Le Deuff, Olivier, «Éducation et réseaux socionumériques : des environnements qui nécessitent une formation», *Hermès*, n° 59, 2011, p. 67-74.

概述：有关信息文化的历史、文化及其传播层面的思考

也涉及娱乐和个人生活领域［参见《赫尔墨斯》第 62 期，《电游，游戏即沟通》（2012）］。我们希望通过本书来界定信息文化作为"概念—问题"存在的特征，探索如何使用和表现信息以及与之相关联的技术。

本文参考文献：

Adorno, Théodor W., *Théorie esthétique*, Paris, Klincksieck, 1974 (1970).

Baltz, Claude, ‹ Une culture pour la société de l'information ? Position théorique, définition, enjeux ›, *Documentaliste-Sciences de l'information*, volume 35, n° 2, 1998, p. 75-82.

Doueihi, Milad, *Pour un humanisme numérique*, Paris, Seuil, 2011.

Engeström, Yrjö, *Learning by Expanding : An Activity-Theoretical Approach to Developmental research*, Helsinki, Orienta-Konsultit, 1987.

Goody, Jack, *La Raison graphique. La domestication de la pensée sauvage*, Paris, Éditions de Minuit, 1979.

Jeanneret, Yves, *Y a-t-il (vraiment) des technologies de l'information ?*, Villeneuve- d'Ascq, Presses universitaires du Septentrion, 2007.

Jenkins, Henry, *La culture de la convergence. Des médias au transmédia*, Paris, Armand Colin/INA éditions, coll. ‹Médiacultures ›, 2013.

Klein, Thierry, ‹Google contribue-t-il au "retrécissement du savoir" ?›, *Libération*, 30 septembre 2009.

Le Deuff, Olivier, ‹Penser la conception citoyenne de la culture de l'information ›, *Les Cahiers du numérique*, volume 5, n° 3, 2009, p. 39-49.

Laulan, Anne-Marie et Lenoble-Bart, Annie (dir.), *Les oubliés de l'Internet : cultures et langues sur l'Internet, oubli ou déni* ? Bordeaux, Les études hospitalières, 2014.

Lévy, Pierre, *La cyberculture. Rapport au Conseil de l'Europe*, Paris, Odile Jacob, 1997. Disponible sur: http://hypermedia.univ-paris8.fr/pierre/cyberculture/cyberculture.html.

Liquète, Vincent (dir.), *Médiations*, Paris, CNRS Éditions, coll. ‹Les Essentiels d'Hermès ›, 2010.

Liquète, Vincent et Kovacs, Susan (dir.), *Hermès*, n° 66, *Classer, penser, contrôler*, 2013.

Lombello, Donatella et Marquardt, Luisa (dir.), *School Libraries in the Picture : Preparing Pupils for the Future. 38th International Conference and the Thirteenth International Forum on Research in School Librarianship,*

概述：有关信息文化的历史、文化及其传播层面的思考

Padoue, Italie, 2-4 septembre 2009.

Maury, Yolande,《Information Culture and Web 2.0：New Practices, New Knowledge》, in《Empowering through Information Culture：Participatory Culture, a Stepping Stone? A Theoretical Reflection》, *European Conference on Information Literacy*, Istanbul, Turquie, 22-25 octobre 2013 [En ligne].

Rosnay (de), Joël, *L'homme symbiotique-Regards sur le troisième millénaire*, Paris, Seuil, 1995.

Rosnay (de), Joël,《Pour une nouvelle culture de la société informationnelle》, *Le Monde Diplomatique*, août 1996. Disponible sur：http://www.monde-diplomatique.fr/1996/08/DE_ROSNAY/580

Simondon, Georges, *Du mode d'existence des objets techniques*, Paris, Aubier, 2012 (1958).

Stiegler, Bernard, *Prendre soin：tome I, De la jeunesse et des générations*, Paris, Flammarion, 2008.

Toffler, Alvin, *Le choc du futur*, Paris, Denoël, 1974, (1987).

Wolton, Dominique, *L'autre mondialisation*, Paris, Flammarion, 2003.

信息文化

信息文化：认识论层面的异同

安娜·雷曼

编者按

首次发表

2003年的《布拉格宣言》[①] 经常被人们提到，因为它最早定义了"信息文化*"："使用信息的能力包括认识到个人的信息需求，识别、发现、评估和组织信息的能力，以及有效创建、使用和交流信息以解决问题的能力。"然而，这份文件的英文稿用

[①] 《布拉格宣言：迈向信息素养社会》为2003年9月20日至23日在布拉格举行的信息素养专家会议上发布的文件。英文文件链接：http://www.unesco.org/new/fileadmin/MULTI-MEDIA/HQ/CI/CI/pdf/PragueDeclaration.pdf。法文文件链接：http://www.enssib.fr/bibliotheque-numerique/documents/1900-declaration-de-prague-vers-une-societe-competente-dans-l-usage-de-linformation.pdf。

信息文化：认识论层面的异同

了information literacy（信息素养＊），法文稿用了compétence（能力），都没有出现culture（文化）一词。就像信息（information）一样，文化（culture）一词是人文社会科学里最复杂和最常被讨论的概念之一。当我们说信息文化时，我们在说什么？当我们谈到文化时，我们指的是博学，一套人们共同认可的意义系统，还是人们做事的方式？当我们谈到信息的时候，我们指的是机器处理过的数据，媒体处理过的"新闻"，还是能够产生知识并经过解读后才存在的东西？

近年来，信息文化成为教育工作者关注的重点问题之一。如果要给信息文化下一个定义，在认识论层面，我们先要理解信息文化因时代和科学领域的不同而产生的断裂。然而，公共空间正在形成，断裂涉及信息文化作为一种战略概念的目标，与学习和知识思维密不可分。

历时性视角：认识论断裂和范畴划分

信息文化的出现标志着思想范畴中的认识论断裂。这个断裂出现在以下两个问题的交汇点上：一个问题是信息在社会中处于何种位置,另一个问题是个体如何通过习得信息来与人沟通和学习。关于文化与信息的关系,思想范畴也有多个视角。

处于文化变革和知识重构之间的信息技术与文化

信息文化出现和发展的推论范围是信息社会*(名称后来改为知识社会*),信息文化的发展也伴随着信息技术的普及,给人们的思维模式带来了革命性的变化。正如米歇尔·赛尔(Michel Serres, 2011)近来所说的,由信息处理方式带来的技术变化会导致文化的改变甚至生理层面上的改变,这不仅涉及思考模式的改变,还涉及神经元功能的改变。这个隐喻的推论呼吁建立一个以信息处理为中心的新的认知和教育范式。

对信息社会如此划时代的革命性阐释,让许多研究者不敢苟同。信息技术发展与对文化活动及教育的反思之间的联系导致了两种不同建议的出现。一种建议认为,教育的主要功能是教导学生学习,教育应当教授新技能和新工具的使用方法。如果没有这些新技能和新工具,一方面,个人会因为能力变得低下，无法适应求职市场的要求，另一方面，个人还会在新出现的注意力经济*面前变得不知所措，容易受到影响。联合国教科文组织就支持以上观点。另一种建议主张，仅仅有信息技术能力还不够，在知识的先后顺序上要做出结构性的改变。信息技术从20世纪80年代以来就不仅仅被视为工具，还被视为知识目标。与此同时，一个新的专业出现了，并在标准知识和社会实践基础上，将新知识融入原有专业。埃里克·德拉莫特（Eric Delamotte，2013）清晰地阐述了他对学校教育中文化和信息关系的理念层面的思考。

"信息文化"这个概念因发表于1996年的《信息文化ABCD宣言》而开始在法国学术界受到重视。这一宣言建议，"社会不应任由（信息社会）自由发展，而应对其加强掌控，并培养个体理智地使用网络及其他信息高速公路*的习惯"。克劳德·巴勒兹（Claude Baltz，1998）在一次名为"探讨信息文化*"[①]的研究日活动中提出，人们应该对知识、观

[①] 参见克劳德·巴勒兹1997年11月18日在巴黎第八大学"探讨信息文化"研讨日的发言：Baltz, Claude, «Une culture pour la société de l'information, position théorique, définition, enjeux »。

点、态度、做法等加以区别。这一主张后来被认为是人们思考"信息社会"文化的基础。一种文化断裂由此形成，并将在空间上和语义上调整关于信息文化的视角。

难点：信息文化概念的标识策略和地域化

Culture de l'information（信息文化）一词起初译自英美国家的 information literacy（信息素养），之后又成了该词的并行概念。信息社会的土壤在目的论、价值论和实用功能方面出现了多处断裂。

信息素养与信息文化

学界通常认为，信息素养（information literacy）一词是由美国信息产业协会主席保罗·祖尔考斯基（Paul Zurkowski）在1974年提出的。他认为应将让工作人员在解决问题时感知到信息价值视为其培训的重要组成部分。Literacy 一词指读写信息的具体能力。该词与文化研究的批判社会学潮流相关，也和理查德·霍加特（Richard Hoggart, 1957）的奠基性著作密切相关。最初，对负责培训信息使用者的图书馆管理员来说,信息素养是独立发现信息、回应信息需求和使用信息的必要能力。之后,大中小学的图书馆以此概念为基础,把信息素养发展成多个不同的概念。对信息使用能力的重视,招致了对大课教学策略的质疑,因为,在大课上,老师是信息的唯一来源。而教育还应是伴随人一生的事情。

图书馆管理员经常使用的模式是迈克尔·艾森伯格(Michael Eisenberg)和罗伯特·伯科维茨(Robert Berkowitz)提出的"六大技能"(Big6)[1]。Big6甚至成为注册商标。这六项基本技能可以被概括为:确定任务、制定信息搜索策略、探明信息位置和获取信息、利用信息、合成展示信息以及评价信息。英国国家和大学图书馆协会(SCONUL)将信息素养定义为"知道何时和为何需要信息,在哪里搜寻信息,如何用道德的方式评价、使用和传播信息"[2]。20世纪80年代,这一观点在盎格鲁-撒克逊国家有了正式的学术阐释(美国大学与研究图书馆协会),相关的讨论和研究继而扩展到了欧洲地区

---

[1] 参见http://big6.com/网站有关学业成功所需信息科技技能的内容。

[2] 该定义是信息素养组织于2005年发布的英文网站主页上给出的定义。

和全球,如国际图书馆协会联合会(IFLA)、联合国教科文组织、欧盟委员会等相关机构围绕该主题举办了大型国际研讨会。这些机构落实了一些行动计划,这些行动计划后来促使媒体和信息素养(MIL)概念的出现以及联合国教科文组织的全球媒介信息素养与跨文化对话(MILID)机制的建立。

但是,标准化的教育课程仍受到学界的批判。从理论的角度,研究人员强调批判思想的发展,强调自由和在一个信息泛滥的背景下个人找到头绪的能力,最后是强调平等,排斥少数人获得和操纵信息的社会精英化现象。柯时拉·卡皮斯克(Cushla Kapitzke, 2003)认为,信息素养这个词建立在批判思想和通过核对事实解决问题上,课程*是以学习为中心,从实证角度、分级角度和分类角度(按照学科和资料分类的模式)出发的,所以属于认知科学的范畴。在这个观点下,学校和图书馆一起构建了一种建立在合理性上的和通过资料用事实核实知识的世界观。教师和图书馆管理员是合法知识的拥有者,学生需要去发现知识。关于知识的产生条件的批判性思维没有立足之地。

莫拉·西尔(Maura Seale, 2010)指出,一个仅仅建立在技巧和信息程序概念上的、对信息素养的简单而线性的认识不被美国学界所接受,并会在教育提案中被质疑。考虑到对信息生产的经济、社会和政治条件的认识,以及网络用户通过用户原创内容(UGC),通过维基百科、社交网络、博客等——这些平台向所有个体,无论种族、社会地位和性别,提供表达的空间——提供的内容所产生的信息使用能力,莫拉·西尔给信息素养又增添了其他的批判维度。这个主张具有绝对自由主义和批判精神,根基通常要追溯到法国后结构主义者那里,如福柯(Foucault)、伽塔利(Guattari)、德勒兹(Deleuze)。这一传统已经传播到文献和实践中。信息素养不是一个僵化的概念,然而,质疑信息文化的人却恰恰经常犯这样的错误。

对信息的掌握

长期以来,盎格鲁-撒克逊国家主张的信息素养和法国主张的信息文化之间存在对立的现象。这个对立主要表现为目标对立(一个侧重能力,另一个侧重知识),教育活动客体的对立(一个追求有用,另一个追求正确)和方式的对立(一个强调实践,另一个强调正式而经典的教育）。甚至还存在一种文化对立：在盎格鲁-撒克逊国家，功利主义占重要地位，知识被认为是工具，服务于经济和社会；而法国人更寻求一种人文理想，认为教育要服务于人的解放。从哲学角度看，两者也完全不同：一方认为人是处在一个交错和互动的集体网络中的，认为教育是社会的计划；另一方认为人应该脱离社会束缚，认为教育是个人的和有目的性的，教育承载着基本价值观。从信息教育的社会政治目的来看，信息文化所讲的不是人如何去适应社会，而是一种批判的思考模式。

布里吉特·朱阿纳（Brigitte Juanals，2003）很早就明确地提出了三个不同的概念：通过图书馆提倡的系统性技术培训能够掌握的获取信息的技能；加入了自主、批判意识和创造意识的获取信息的文化；能够掌握真正全面的信息文化的信息文化（她认为，culture de l'information 与 culture informationnelle 是同义词）。为了区分这三个层次，她一方面研究知识传播的社会和技术设置*的核心地位，另一方面研究教育过程的核心地位。如果将社会和公民层面纳入考虑范畴，在信息文化中，技术工具让个体从个人空间进入集体空间。信息文化的目的是通过网络将个体纳入集体。因此，亚历山大·赛尔（Alexandre Serres）为信息文化提出了三个主要目的：实现、思考、抵抗。

信息的文化和信息文化

克劳德·巴勒兹（Claude Baltz）1997年就区分了"信息的文化"（culture informationnelle）和"信息文化"（culture de l'information）这两个概念，但二者还是经常被弄混。里尔第三大学教育科技研究组在《信息的文化和文献》一文中给信息的文化下了一个明确的定义。法国国家信息教育会议之后，教育科技研究组[①]在2006年至2009年期间集合了全法的研究人员。早在2003年3月，该小组就动员了学校的文献学专业人士，针对小学到大学教育如何将资料和信息学习变得更通俗易懂展开讨论。

在这些研究人员中，阿奈特·贝管-韦尔布日和苏珊·科瓦克（Annette Béguin-Verbrugge et Susan Kovacs，2011）将信息文化定义为"一个群体共同分

---

① 指的是教育科技的研究团队。参见：http://geriico.recherche.univ-lille3.fr/erte_information/?/ERT-e-Cultureinformationnelle-et-curriculum-documentaire。

享的本领和知识,能够以合理的方式确定信息位置、发现信息、描述信息、处理和传播信息"。两位研究者还说这些知识是技术性的、社会性的、象征性的,但是,知识在学校学习中的地位还没有被明确定义。如果不考虑学生在社会技术、社会机构、心理情感和社交背景下的非正式使用和活动,以及在正式合法学校活动之外的社会表现,就无法界定知识在学校中的地位。

这个研究项目衍生出了许多分支,至今仍在蓬勃发展。该研究认为,与信息文化不同,信息的文化并不纯粹是规范的和二分的(定义严肃知识和正式行为,即合法性)。信息的文化处于一个由行为、设置和表象组成的复杂背景中。这些行为、设置和表象能引起在意义构成工作中的学习。信息的文化也与盎格鲁-撒克逊国家所说的信息素养(information literacy)不同。信息素养以良好行为和信息研究传播情景为中心,而信息的文化以建立学习为目的。

亚历山大·赛尔和约朗德·毛利(Alexandre Serres et Yolande Maury,2010)指出,信息文化一方面和法国教育体系独有的一般文化有关,另一方面和将信息定位在活动范围内的跨学科文化有关。

信息的文化是在规范行为和个体行为的对峙中被定义的。约朗德·毛利（Yolande Maury，2012）认为，信息文化指的是"思考、整理和分类"的技术范畴，而信息的文化指象征、社会和政治的自主性，以"参与、面对、分享、建设自己的世界观"为目标。

薇薇安·库兹尼（Viviane Couzinet，2008）认为，信息文化属于一般文化范畴，而信息的文化和一些理论及一个得到承认的科学学科有关。二者截然不同。文森特·里克特（Vincent Liquète，2011）在信息的文化中看到了学科知识的影响。相反，奥利维·勒德夫（Olivier Le Deuff，2012，p. 59）认为，信息的文化是由实践和使用构成的，而信息文化是指学识和参与。他将人类学意义上的文化与文化之间的对立视为一种提升和区分，主要借用了伊曼纽尔·康德（Emmanuel Kant）的概念，即从被动状态过渡到征服思想自主，通过掌握知识和权力实现独立。因此，即使在专业人士、图书馆管理员或档案管理老师、信息知识中介的地位和合法性问题上，信息的文化和信息文化之间的区别也没有一个统一的说法。鉴于对使用、学识和解放之间的认识论关系缺乏共识，该书作者均将"低"文化和"高"文化区别开来。"低"文化指文献检索技术和信息行为,而"高"文化是对旨在使个体获得信息技术并使之作为解放工具的人文主义的认识和系统学习。虽然分歧很多,信息文化却有其连续性。

共时观点:信息文化的伦理连续性和不变性

教育问题处于信息文化定义的核心位置。无论文化是作为一种提升还是作为一种意义体系,它都是建立在教育和社会化的基础上的,其对象越复杂,就越必要和持久。信息便是如此,它通过媒体教育＊成为教学对象,通过信息技术成为技术对象,通过资料积累成为实用和交流的对象。

人文角度

尽管对文化的定义不同,尽管正规出版物的表述基本都混淆了信息文化、掌握信息＊和数字文化几个概念,我们还是发现了信息文化概念中与信息素养概念相同的因素:一是学历视角,把个人直至职业生涯的学习过程视为整体,并结合了将个人视为社会成员和学习者的整体论视角[①];二是政治和奋斗视角,通过在教学大纲中注入信息观点支持民主化和促进(社会、民族、性和对残疾人等的)平等进步,以试图影响国家和国际教育政策;三是多学科和跨领域视角,把图书馆和数据中心的信息问题凸显出来,并将它们重新放置在学习的整个过程中,将对信息问题感兴趣的人群范围扩大到相关专业人士之外;四是社会经济视角,一方面考虑注意力经济的问题,另一方面考虑公共知识 * 的问题。

行动学视角[②]和避免学科化

使用文化概念能够避免按学科培养的问题。实际上,围绕信息创造一个新学科会有实际的困难,首先是参考知识问题,包括档案管理老师的职业身份与学校文献检索技术的关系。正如安德烈·谢维尔(André Chervel,1988)提到的,学科逻辑纯粹是学校的。学科和教学法只存在于学校教学里,只以学校教学的形式存在,也只为其而存在。相反,在

---

① 整体论视角关注整体而非部分,它不同于原子论视角,而关注现象的整体性。
② 行动学是行动的科学,是一种建构主义的哲学理论,主张从活动而非价值观的角度研究人类行为。

科学文化的模式上,文化参照在社会问题和实践之间及学校问题和实践之间制造某种空隙。文化把个人重新放置在他的社会背景里,记录他的表现和行为。迪维纳·弗洛-梅格斯(Divina Frau-Meigs,2012)把信息文化的概念和教育的角色划分为三大地理区:西班牙语世界的教育—传播提倡参与,英语世界的文化学习以个人获得实用知识为目标,而法语世界的网络信息科学则注重公民活动。

因此,只有在思考学生必要知识内容时,只有把信息行为作为数字背景下的传播行为时,才适合对信息文化进行提问。弗朗索瓦丝·夏普隆和埃里克·德拉莫特(Françoise Chapron et Eric Delamotte,2010)明确地提出了这一点,即便他们强调这种观点,在由使用产生的对现象和文化的关注和由教学法产生的对标准做法和知识的关注之间依然存在断裂。其实,信息文化处在这样一个有关学习的积极观点中:它把基于科学概念需要明确定义的目标和个体的真实做法统一了起来。个体的真实做法决定了他面对信息问题时所具有的潜力。而这些信息充满了不确定性,就像安娜·科尔迪埃(Anne Cordier,2012)提出的那样。

在政治领域,这些开放的视角反映在学院话语中出现了新的问题，比如空间和媒介问题，这些问题把文化问题置于总体生态中。

因此，对信息文化的认识论分析离不开它的战略运用和随之而来的教育话语。目前的研究主要通过全媒体素养把信息素养和信息文化统一在一个存在不同可能性的多元角度之内。全媒体素养＊问题汇聚了大批研究人员，他们主要研究交叉教育问题，分析有关的生产模式、文化行为和信息生态系统。

本文参考文献：

Baltz, Claude,《Une culture pour la société de l'information? Position théorique, définition, enjeux》, *Documentaliste-Sciences de l'information*, volume 35, n° 2, 1998, p. 75-82.

Disponible sur : ＜http://www.adbs.fr/une-culture-pour-la-societede-l-information-position-theorique-definition-enjeux-13454.htm?RH＝REVUE＞

Beacco, Jean-Claude et Moirand, Sophie,《Autour des discours de transmission des connaissances》, *Langages*, n° 117, mars 1995, p. 32-53.

Beguin-Verbrugge, Annette et Kovacs, Susan (dir.), *Le cahier et l'écran : culture informationnelle et premiers apprentissages documentaires*, Paris, Hermès Sciences Publications, 2011.

Chapron, Françoise et Delamotte, Éric (dir.), *L'éducation à la culture informationnelle*, Villeurbanne, Presses de l'ENSSIB, 2010.

Chervel, André, ﹝L' histoire des disciplines scolaires. Réflexions sur un domaine de recherche﹞, *Histoire de l'éducation*, n° 38, 1988, p. 59-119.

Cordier, Anne,﹝Et si on enseignait l'incertitude pour construire une culture de l'information ?﹞, *Communication & Organisation*, n° 42, 2012, p. 49-60.

Couzinet, Viviane,﹝De l'usager à l'initié : vers une culture informationnelle partagée﹞, in Gardiès, Cécile, Fabre, Isabelle, Ducamp, Christine et Albe, Virginie (dir.), *Rencontres Toulouse EducAgro*, *Éducation à l'information et éducation aux sciences : quelles formes scolaires?*, ENFA, Toulouse, 26-27 mai 2008, Toulouse, Cepadues, p. 169-189.

Delamotte, Éric, ﹝La culture informationnelle : le noyau central d'une nouvelle forme scolaire ?﹞, *in* Papy, Fabrice (dir.), *Recherches ouvertes sur le numérique*, Paris, Hermès Lavoisier, 2013, p. 263-283.

Frau-Meigs, Divina, ﹝La radicalité de la culture de l'information à l'ère cybériste﹞, *Les e- dossiers de l'audiovisuel*, INA, janvier 2012.

Hoggart, Richard, *The Uses of Literacy. Aspects of Work-*

ing-Class Life with Special Reference to Publications and Entertainments, Londres, Chatto & Windus, 1957.

Interassociation ABCD,《Manifeste ABCD pour une culture de l'information》, *Documentaliste-Sciences de l'information*, volume 33, n° 4-5, 1996, p. 222-223. Disponible sur : <http://www.adbs.fr/manifeste-abcd-pour-laculture-de-l-information- 13633.htm? RH=ACCUEIL>

Jeanneret, Yves,《Des médias, des sciences et des textes : régimes actuels de construction des objets et des paroles scientifiques》, in Cusin-Berche, Fabienne (dir.), *Les Carnets du CEDISCOR*, n° 6, Paris, Presses Sorbonne Nouvelle, 2000, p. 199-216.

Juanals, Brigitte,*La culture de l'information : du livre au numérique*, Paris, Lavoisier/Hermès science, 2003.

Kapitzke, Cushla,《(In)formation Literacy : A Positivist Epistemology and a Politics of (Out)formation》, *Educational Theory*, volume 53, n° 1, p. 37-53.

Le Deuff, Olivier,*La formation aux cultures numériques*, Limoges, FYP Éditions, 2012.

Liquète, Vincent, *Des pratiques d'information à la construction de connaissances en contexte : de l'analyse à la modélisation SEPICRI*, HDR, Université de Rouen, 2011. Disponible sur : <http://hal.archives-ouvertes.fr/tel-00670700/>

Maury, Yolande,《D'une culture de l'information à la culture informationnelle. Au-delà du "penser, classer, catégoriser"》, *in* Frisch, Muriel (dir.), *Didactiques et métiers de l'humain et de la relation*, Paris, L'Harmattan, 2012, p. 125-148.

Seale, Maura,《Information Literacy Standards and the Politics of Knowledge Production : Using User-Generated Content to Incorporate Critical Pedagogy》, *Critical Pedagogy and Library Instruction : An Edited Collection*, Library Juice Press, 2010, p. 221-235.

Serres, Alexandre et Maury, Yolande,《Les cultures informationnelles: définitions, approches, enjeux. Introduction au chapitre I》, *in* Chapron, Françoise et Delamotte, Éric (dir.), *Éducation à la culture informationnelle*, Villeurbanne, Presses de l'ENSSIB, 2010, p. 24-37.

Serres, Michel,*Petite Poucette*, Paris, Le Pommier, 2011.

信息技术的政策和学术维度

布鲁诺·奥利维,弗朗索瓦丝·蒂博

编者按

发表于《赫尔墨斯》[①] 第 38 期:《信息和传播学》(2004 年)

信息和传播技术的一切历史都和教育史紧密相连。在书本、粉笔和黑板出现之前,古人就利用多种技能来创造可以方便学习的社会性技术设置 *(Marrou, 1948)。同样,图像及其不断产生的传播方式对知识的传播起到了基础性作用。先是工匠的手工图案(比如用于建筑的玻璃图案和彩画),之后,是 16 世纪初开始的印刷图案(版画、结构示意图、

[①] 本文亦见于《科技、教育、信息》(Technologies, éducation, information) 第 191 至 197 页。

地图等）以及投影画面①（从魔灯到幻灯片）。20世纪以来，视听图像与工业生产（摄影、广播、电影和电视）和教育体系产生交叉。而最近二十年来，资料数字化技术（音频文件、符号文件和图像文件）、学习软件、模拟软件、生产软件、数字网络传输、数字化文件（超文本＊、屏幕文字等）新形式逐渐出现。

根据不同的时代和地点，两种不同的观点促成了教育和信息传播技术的交叉：第一种观点把信息传播技术看作传播工具，第二种观点把信息传播技术看作知识目标。在第一种情况下，人们使用信息传播技术来丰富传播内容的方式，使用图案来展示和替代原本的物品；邮局、广播和电视最初被用来传播说话人的话语，计算机则能够模拟一些场景并大量储存和传播不同种类的数据。第二种情况更为少见，在这种情况下，技术本身成为教学的内容。就像以前的诡辩家教授他们的学生如何高效地演说和写作一样，法国中学教程从20世纪80年代中期起要求教师教孩子们学习电脑编程、解读图像或者上网冲浪。

---

① 相关内容请见：Perriault，2013。

教育政策的助力配合

纵观教育政策史，特别是法国的教育政策史，我们会发现，几乎所有传播技术都被列入了引进政策。享受了政府所有试点项目的教室会配备一些年代久远的静态和动态画面投影设备，照相机，不同年代的收音机、电视机和幻灯片放映机，最早的微型计算机、磁带录像机、摄像机、影碟机、视频光盘播放器、内部电视电路、数字电话信息交互式媒体、一系列的"混合版权"① 软件、用于教学的 CD，以及这个不完整清单的最后一项：一台"无线"的手提微型电脑和一个数字学习平台——中小学生的电子书包以及大学生的数字学习平台（ENT）。

以上列举的技术主要由工业领域的专业人士开发，有时也由公共部门的研究人员合作开发。但在很长一段时间里，它们进入大中小学的步伐很缓慢。这些技术当时通常只是在试点机构被第一批使用者

---

① 混合版权是指由高中和初中管理层获得对所选择软件的无限期使用权，仅供教学使用。

积极使用。实际上，虽然公共权力部门的资金可以不时地负担这种昂贵的实验，但技术的普及从未真正实现。技术的第一次政策性大规模普及要等到20世纪60年代末以及"电视教育"项目出现的时候。伴随电视信号接收器和摄像机的采购，一个全国性培训机构逐步成立，为法国教育系统培养开发这些新的教学资源所需的能力。它的总部设在圣克卢高等师范学院视听部门。然而，与此同时，从教学课程、授课节奏以及教学场所硬件配备等方面来看，教育环境并没有改善。

1985年，由舍韦内芒担任部长的法国教育部提出了"信息技术普及计划"（IPT），这和之前的政策截然不同。专业教室里安装了相互连接的微型计算机，一项规模庞大的人员培训也随之展开。信息科学被认为既是传输方式（1991年出现了"信息、传播和文献检索技术"[①] 的提法）又是知识目标。在高中开设的信息技术选修课就是典型。比"信息技术普及计划"知名度小一点的"视听普及计划"（1987年）也遵循同一个逻辑：在初中和高中组织发放手提式摄像机，培养学生分析图像和使用工具的能力。

---

① 出自蒙彼利埃学院计算委员会的活动报告，发布于1991年2月。

如果说大学时期的"信息技术普及计划"是初中和高中教育的延续,"视听普及计划"则完全停留在中学阶段中。

1998年,法国推出《信息社会政府行动计划》(Pagsi)。继美国政府和欧洲其他政治领袖之后,法国总理将信息传播技术作为他推行的重点政策。该行动涉及政府各大部门,旨在发展互联网及其相关服务,而教育是这个计划的重要一环。和之前的行动不同的是,地方政府虽参与其中,但所做的仅仅限于采购设备。国家层面有三个任务:通过支持"法国教育多媒体产业"鼓励创造新内容;确保全国教学和研究网络(Renater)的发展;改造不同学科的课程。《信息社会政府行动计划》让我们看到,政府的政策愿景有别于之前建立在实验之上的推广举措。

研究者的视角

除了计算机科学研究,关于这些现象的研究长期匮乏。原因至少有以下三个。首先,孤立的实验不利于形成一个扎实连贯的研究领域,但有一类热门研发是例外,那就是对以学习为目的的技术工具的开发。其次，政治家永远只对"当前流行的技术"抱有热情，这不利于培养需要长时间观察才能形成的科学方法，也导致了蒂埃里·戈丹（Thierry Gaudin，1978）所说的"民间创新"鲜为人知的问题（比如在教育中大规模使用的油印机、反射幻灯和复印机，大家对此所知甚少）。最后，尽管某些工业、媒体和政治利益相互交融，但并没有给最新的实践带来任何益处。正如米歇尔·哈里里（Michelle Harrari）指出的[①]，如果官方资料（Eurydice 2000-2001）声称"76%的法国小学老师每周在课堂上使用电脑的平均时间超过3个小时"，那么，一项真正的科学调查很可能会得出更低的数据结论。

  正是由于各种利益的交织令人眼花缭乱，信息传播技术在教育中的应用才成了一个复杂的问题。来自技术、教育和政治等不同领域的话语、目标和价值在这里交织。尽管在互联网到来之前，这就是个长期存在的老问题，但要想成为社会科学研究的对象，非得靠大规模的实际操作才行。几门学科不

[①] Harrari, Michelle, «Comparer la prise en compte des technologies de l'information et de la communication dans les systèmes éducatifs de différents pays ?», (Baron et Bruillard, 2002, p. 172-173).

约而同地关注信息传播技术和教育之间的碰撞。计算机科学成为第一个发展出理论框架和工作方法的学科，这得到了一群人数不多但遍布全球的研究者的认同。

我们必须追溯到20世纪60年代末的"控制论教育"研究，才能理解这些研究为什么会发源于美国，并具有行为主义特征。当然，正如玛丽斯·奎雷（Maryse Quéré）[①] 所指出的，"东欧阵营学者的影响同样是不容忽视的"。这个科学团体数年间一直在用"人类学习的计算机环境"（EIAH）的概念来定义自己，其研究史表明它在追求学术目标时具有一定的连续性。因此，知识、推理和互动的建模一直处于这些应用科学实践的核心位置。不过，今天人们所说的"人类学习的计算机环境"和早前的概念有所区别，这种区别体现在通过"约束"的概念赋予实验背景的地位上。"约束"指的是模型化知识的本质、引入技术的机构，以及各项技术的开发情况。对于"计算机中心论"的支持者而言，"人类学

---

① Quéré, Maryse,《Regard rétrospectif sur l'histoire du logiciel éducatif et sur la réalité du système éducatif français : un mariage difficile》,（Baron et Bruillard, 2002, p. 115）.

习的计算机环境"的使用者受机器或技术环境的控制，而不是使用者控制机器——但若以技术—文化为路径研究工具，则更有可能支持后一种观点。

随着计算机科学的进步，认知科学自20世纪90年代起也在所有科技发达的国家取得了长足发展。这一领域的本质特征是多学科并存，涉及比"人类学习的计算机环境"更宽广的领域：如果我们只罗列最为相关的学科，则包括神经系统科学、精神病学、心理学、语言学、哲学、人类学、计算机科学、数学、逻辑学、人工智能、机器人技术。这些学科诉诸实验、建模和尖端技术（比如大脑造影）来发展认知的理论模型。教育只是它们众多社会应用中的一个应用。

由于方法和目标具有共同之处，认知科学和"人类学习的计算机环境"近年来加强了合作。得益于信息传播技术的发展，以及媒体的广泛报道，它们得到了大量的公共支持（设立研究岗位、实验室之间相互合作、针对某个目标项目进行攻关）。在法国，认知激励协同行动（1999—2003年）坐拥近200万欧元资金，这使其得以资助特定的研究项目，鼓励年轻的研究人员，并促进研究同类课题的科学家相互沟通。2001年，法国国家科学研究中心的信息传播科学技术处建立了一个名为"学习、教育和培训"的多学科主题网络（RTP）。尽管有三十多个研究团队，但这个网络仍然具有浓烈的"人类学习的计算机环境"色彩。

人文社会科学领域对这个问题的研究一直比较有限。教育科学曾就电视的使用和更大范围的视听媒介的使用产出重要的研究成果（Jacquinot，1977），但关于"机器和人"之间关系的研究才刚起步不久（Linard，1990）。它既从教学方法的角度考察（如何使用机器来"传递"一个内容？技术给教学带来了什么？如何设计一种创新的教学行为？），也从教学研究的角度提问（某项技术对一个学科到底有什么贡献？），同时，它也会研究更宏观的问题（我们提供何种培训才能使未来的公民成为积极的电视观众或使用者，以及让他们理性地、善于分析并批判性地使用网络？）。他们的研究多种多样，有聚焦分析学习场景的研究，有关注软件工具开发的研究，还有对界面进行的研究。

"教育技术"和近来更加专业的"教育中的信息传播技术"（TICe）创造新的事物，但有时并未考虑"社会的计算机化"这一更广阔的社会和文化现象。

教学法研究者往往是共处在一个小圈子里的专

家，他们的成果有助于人们更好地理解信息传播技术在特定教育情景中是如何使用的。这些成果相对分散，但在非常成熟的学科（数学、化学、语言学、生命和地球科学）中比比皆是。不过，这类研究成果通常无法在相关学科之外得到传播。

信息传播科学的定位

这属于教育学（和教学法研究者）的教学问题，包括信息传播技术发展的组织、技术、社会和经济领域等众多方面，以及载体、背景和用途之间的关系，标准化和规格化现象，公共政策的角色和本质，等等，这些都可能与信息传播科学产生关联。然而，除了雅克·佩里欧（Jacques Perriault, 1989）等人开展的早期研究外，信息传播科学较晚才涉及教育领域的技术和媒体问题。皮埃尔·莫格兰（Pierre Mœglin）[1] 认为，这种"有限关注"的现象背后有

---

[1] Mœglin, Pierre, 《Qu'y a-t-il de nouveau dans les nouveaux médias? Un point de vue des sciences de l'information et de la communication》, (Baron et Bruillard, 2002).

多种原因。信息传播科学的研究人员在很长的时间里更趋向于研究大众传播体系，而非特定的技术和媒体。教育科学趋向于把这个领域当作"自留地"。相对较少的研究成果和实践应用也让对有趣社会现象的研究变得艰难。事实上，阅读信息传播科学研究年鉴令人很受启发。1997年，在全部319名信息传播技术研究人员中，只有13名（占4%）声称投入了对信息传播技术和教育的研究和教学中。2002年，"教育"一词一次都没有出现，而且，当时只有19名研究人员（占全部人员的5%），或多或少地提到了信息传播技术、教育或培训，或者提到了当时刚出现的教育信息传播技术。

直到2002年，在提交到法国信息传播科学协会（Sfsic）大会[①]的论文中，教育信息传播技术

[①] En particulier *Émergences et continuité dans les recherches en information et communication*, actes du XIIe Congrès national des Sic, Unesco (Paris), du 10 au 13 janvier 2001 et *Les recherches en information et communication et leurs perspectives*, *Histoire*, *objet*, *pouvoir*, *méthode*, Actes du XIIIe Congrès national des Sic, Palais du Pharo (Marseille), du 7 au 9 octobre 2002.

经常与"用途"一词联系在一起。有关的专题论文常常是基础性的。大家从中很难看到米歇尔·德·塞尔多（Michel de Certeau）的影响。此外，政策方面（如决策战略、公共政策、工业和经济挑战、有关论述等）的研究相对罕见。

教育和信息传播技术融合层面的研究空间还非常小。这两者的融合首先要通过一批研究人员的研究实现，他们要在文化产业 * 研究的基础上研究教育产业，然后进一步深入话语分析：一些研究致力于分析有关信息传播技术和教育话语的产生和形成条件。最后是通过规则和标准，特别是远程教育系统中的规则和标准来完成研究（Perriault，2002）。

尽管信息传播技术与大学教育和培训体系的融合涉及政治、社会和经济等多个方面，但是这个问题并没有引起研究者多大的兴趣。信息传播科学的研究是一个战略领域，被媒体高度关注，又得到法国和欧盟资金的大力支持，但存在感依然很低。对此，无论是建立研究网络，还是建设一个欧洲层面的研究团队，都还不太现实，因为必要的探讨和研判还远没有完成。只有很少的实验室在从事关于信息传播科学与教育的研究，它们变成了其他学科的研究主题，似乎除了一些小团队和这些个人之外，信息传播科学在和教育的融合问题上鲜有贡献。反倒是信息传播技术发展中政治、技术、符号学和社会学层面的研究好像变成了当下公共讨论和学术讨论的热点。关于用途的微型社会学研究的领先优势使得政治问题、社会和工业选择不在研究范围内。

  信息化和学校、科学机构网络的发展，相关组织变化、话语的生成等涵盖的问题面非常广，在法国国内如此，在欧洲和国际上更是如此。通过丰富的跨学科分析，信息传播科学适于将技术、政治、话语和符号学问题相结合，以更好地理解当今的政治、文化和社会问题。信息传播科学也有理由指出"围绕传播和信息问题的教学"的重要性并勾勒出其轮廓（Jeanneret，1999）。如今，该领域出现了一些像 e-learning①（网络学习）那样的模糊概念，给"自满的传播蒙昧主义"（Jeanneret，1999）火上浇油。有鉴于此，信息专家和传播专家应尽快加强合作。在这个领域中，他们之间的界线正在逐步消失。

---

① 此外，还有开放式远程学习（FOAD）、慕课等。

本文参考文献：

Baron, Georges-Louis et Bruillard, Éric (dir.), *Les technologies en éducation, perspectives de recherche et questions vives*, Actes du symposium international francophone, Paris, 31 janvier et 1er février 2002, INRP, MSH et IUFM de Basse-Normandie, 2002.

Gaudin, Thierry, *L'écoute des silences. Les institutions contre l'innovation*, Paris, Union générale d'Éditions, 1978.

Jacquinot, Geneviève, *Image et pédagogie*, Paris, Presses universitaires de France, 1977.

Jeanneret, Yves, ‹L'École et la culture triviale›, in Bentolila, Alain (dir.), *École et modernités*, Actes IX, Paris, Nathan, coll. ‹Les entretiens Nathan›, 1999, p. 7-23.

Linard, Monique, *Des machines et des hommes : apprendre avec les nouvelles technologies*, Paris, L'Harmattan, 1990.

Marrou, Henri-Irénée, *Histoire de l'éducation dans l'antiquité*, 2 volumes, Paris, Seuil,

Perriault, Jacques, *La logique de l'usage. Essai sur les machines à communiquer* (préface de Pierre Schaeffer),

Paris，Flammarion，1989.

Perriault，Jacques，*L'accès au savoir en ligne*，Paris，Odile Jacob，2002.

Perriault，Jacques，*Dialogue autour d'une lanterne. Une brève histoire de la projection animée*，Paris，L'Harmattan，2013.

信息文化

面对信息的一般文化

安娜·科尔迪埃，文森特·里克特

编者按

首次发表

多年来，机构（特别是大中小学）中的行为主体会针对个体在（由学校或大学定义的）一般文化和通用文化中的期待和表现开展定位、训练和评估。在这篇论文中，我们希望寻找一般文化和信息文化*之间是否存在隐秘的纽带、相互影响和逻辑关联。更准确地说，二者之间的意图体系是否有共通之处？它们的组成元素是相似的、同源的还是有所区别的？我们在思考时不会将职业环境从学校和学术环境中剥离出来，而是提出一个假设：任何组织或机构都是一个"学习型组织"，它们的行为主体（同事、部门领导、经理、教师等）期望组织中的文化始终得到一定程度的维系。

面对信息的一般文化

　　一般文化是大家通常选择追求的目标，它主要有两方面的意义（Forquin，1989）。一是"社会学"意义，涉及某一人群的全部实践、价值观和自然形成的表征；年轻人、教师、雇员和信息专业人士围绕信息文化的选择和兴趣属于这一范畴。二是"遗产传承"意义，即一套形成中的非固定的知识、技能、价值观等，从教育的角度来看应该得到传播和构建；教育的遗产、信息、方法、内容属于这一范畴，最终目标是让同一组织或社会空间中的人们拥有共同的知识。所有这些知识被强大的机构设置和支持，例如项目、参考标准＊或认证流程。

　　本文认为，信息文化并不是一般文化在现当代的表现形式。为了证明这一点，我们将仔细分析处于机构和社会强力制约下的信息文化——它是被约束的对象，其实践方式反映出组织中的规定和社会期待之间的张力。本文的结论部分将聚焦组织中出于教育和职业目的的"实践"，从而揭示一般文化和信息文化之间微妙的联系。

获得信息文化：社会和机构规约

社会话语

信息文化有各种表述形式（"掌握信息*""信息智力*"等），潜藏在许多社会话语的背后。这类话语与"信息社会*"乃至"知识社会*"的本质特征相关，它们主张人们应该掌握管理信息存量和流量的技能，在社会产生的海量信息面前运用批判性思维，淡化作者的身份（这与一般的信息认可顺序相反）（Serres，2012）。这种研究信息文化的方法认为人们有必要掌握关于信息传播技术的文化，尽管信息文化并不限于这一方面（Juanals，2003）。

信息文化因此与行动力有关，它可以让人们在世界上践行信仰与良知。用吉尔·德勒兹（Gilles Deleuze，1995）的话说，信息文化由"储备的知识"构成：存量逻辑，个人和集体对知识的记忆逻辑，以及强有力的社会交流（例如同辈或社会关系网）的逻辑。法国国家数字委员会最近发布了一篇报告,题为"数字化社会的公民:获取、读写能力*、媒介、行动力——一项新的包容政策"①。该报告凸显了人们意识到有必要拥有一种信息文化,以便在现代社会中可以践行公民之道和具有批判性思维这一观点。

机构话语

与上述情况类似,在机构中,特别是在学校中,并不缺少关于信息文化的规范性的,甚至规约性的话语。然而,尽管信息文化在校园里有大行其道之势,但它的概念至今仍未明确。这一概念似乎被与其他表述混用,表达同样的强制要求,但从科学角度来看,这些表述却并不相同。现在人们常说的"媒体和信息教育*"(EMI),其定义就十分模糊,抑或根本没有定义,因为它只是根据一些需要学习的技能发展出来的概念。与此同时,教师的专业技能里提及了"信息和媒体文化",但也缺乏相应的定义。信息文化在术语和定

---

① 这份报告由法国国家数字委员会于2013年10月发表,参见:http://www.cnnumerique.fr/wp-content/uploads/2013/11/CNNum _ Rapport-inclusion-num％C3％A9rique _ nov2013.pdf。

义层面的不稳定性，势必不利于它在校园中被理解和获得支持，这种问题也波及社会和职业领域。

信息的获取与内化

尽管如此，围绕信息文化的讨论被以下问题所困扰：在社会和机构指令话语中，获取信息的文化和内化信息的文化很相似（甚至混为一谈）。马克·普伦斯盖（Marc Prensky，2010）创造的新词"数字原住民"在话语中的复兴就是一例，而此前许多媒体都在使用"超级漫游者"（Ultranauts）和"突变儿童"这样的说法。不过，许多研究都强调，从物理层面获取信息与信息内化之间存在根本区别，无论后者涉及技术还是智力层面。的确，内化的文化首先要建立在良好的（文本、图片）阅读能力上，即能够从认知上输入并记忆这些信息单元，记入个人的知识财富。这就是所谓"储备知识"的原则（Deleuze，1995）。

因此，内化的文化早于所谓一般文化。前者要求人们能够长时间记住他们看到的、读到的和经历过的。安伯托·艾柯（Umberto Eco，1985）在酝酿一种供个人参考的百科全书的观点时，曾提醒我们意识到这本书是非常个性化的，直接来源于每个人或踟蹰或果决的经验。每次阅读时,读者借助脑海中已经形成的个人知识,来理解眼前看到的东西。正如一般文化旨在从认知上播种并记忆知识,信息文化注重构建个人(数字的)记忆、关于工作和生活的记忆,以及确认他们是如何获取这些记忆的。所以,我们的假设是:信息文化并不是孕育中的一种新的一般文化,尽管它在网络和数字技术发展的背景下产生。信息文化也不是获取知识的另一种替代模式,它的出现不过是丰富了知识获取和一般文化的表现形式。

同一社会中或发达国家与发展中国家之间"数字鸿沟"的缩小,无疑能够使更多人接触到信息技术和数据。但与此同时,一个"二级鸿沟"出现了:鸿沟的一边是能够支配这些技术的国家,因为它们掌握了理解信息的关键工具,这也是得益于这些国家优越的国内环境;鸿沟的另一边是无法获得对数字工具多元理解的国家(Hargittai,2002)。

信息获取与内化之间的混同导致了一种非常不好的倾向,即信息传播技术(Tic)和信息文化的同化。的确,技术因此获得了特殊地位,但这遮掩了技术与对象在概念、认知上内化相关的问

信息文化

题，以及围绕信息产生的问题。同样，我们也看到了一般文化和学术文化之间的混淆：正如我们之前提到的，一般文化依赖于强大的社会意图，而学术文化的目标是让自我与所处的环境（中小学、大学、职场）取得一致。（学术、职业）能力经常暗指一般文化和学术文化的衔接，而没有考虑处于获取文化和内化文化衔接处的信息文化。

校内教学目标

信息文化在学校的地位

在教育系统内，信息文化正逐步融入课程和行为主体的话语中，却难以找到合适的位置。

在学校里，我们会在实践过程中发现这样一种冲突，一种围绕信息文化的自发话语和围绕学科的传统教学之间的冲突。学校中负责信息教育的文献教师认为，与信息问题有关的教学遭到了忽视（Cordier，2011）。这些信息教师必须和其他传统学科教师争夺教学时间，并且大部分教师抱怨文献信息知识在传统学科知识面前被忽视。

在教学中，信息文化被贬低为学生获取传统学科知识必须掌握的简单学习方法。因此，资料文献工具化的趋势显而易见（获取逻辑）。

学校中信息相关知识的定位困难在官方文件里也有所体现。这些文件提倡共享的文献责任，信息教学有被取消的危险，学校也不再负责信息教学。另外，诸如初中的"探索旅程"（IDD）和普通高中的"个人作业辅导"（TPE）等属于信息文化发展教学的信息传播设置＊（如"探索旅程"），有的逐渐消失，有的被边缘化。这些都不利于对信息做系统思考。

然而，就像所有正在出现的或活跃的文化一样，信息文化也取决于其活动背景；在学校里，信息文化依赖于学生的专业（Perrenoud，1994，或 La Borderie，1999），就像在其他情况下依赖其他职业一样。托马斯·达文波特（Thomas

Davenport，1997)① 指出，没有绝对意义上的信息文化，它完全依赖于信息文化能在多大程度上适应不同的背景和情况。信息文化影响信息行为、信息实践，尤其是当关系到机构的信息实践的时候。信息实践是机构的直接组成部分，也是信息管理模式的直接组成部分。因此，我们可以说，既然一般文化可以适应并融入社会，信息文化也能适应并融入学校和职场。

当信息文化遇到培训辅导

一般来说，信息文化的培训实践似乎发展缓慢。早在 1997 年，克劳德·莫里齐奥（Claude Morizio）就指出，信息—文献培训过于强调方法论，把重点更多地放在了对工具的使用上，而不是对结果的理解上。2011 年，有关初中信息文化培训实践的最新研究指出，注重数字技术工具使

---

① 托马斯·达文波特对信息文化的定义是："我所说的信息文化指的是表达组织对信息的导向的行为和态度模式。信息文化可以是开放的或封闭的，以事实为导向的或基于谣言或自觉的，内部的或外部的，可以控制的或可赋能周围事物的。公司的信息文化还可以包括组织对某些类型的信息渠道或媒体的偏好，例如，选择面对面交流还是召开电话会议。"（Davenport，1997，p. 84）

用方法的方法论和工具化教学一直都多于注重信息分析和处理的教学。

"文献学语法"应运而生。它相当于文献学教师制定的一套规则，赋予在互联网上查找信息一种稳定性（Cordier，2011），也包括学习情境的渐进组织形式。结果，信息文化的教学除了传授一种与谨慎上网有关的查找模式和规定外，似乎很少涉及与之相关的文化、伦理和经济问题。另外，这些脱离实际和背景的培训，无法让学生把培训意图和他们的认知方式或生活经历联系起来。

高中的信息文化培训实践似乎有所不同，我们单从留给师生的信息培训课时上就可以看出。虽然培训实践不再强加信息查找模式，对掌握工具目的的重视依然明显。中学里有许多诸如"使用 Pearltrees 或 Scoop.it"的课程，这表明对智力、认知目标的淡化，更加重视对信息市场出现的特定工具的掌握。专业人士为了在复杂环境中做好信息—文献教学做出的这种选择引出了一个问题，那便是能力和知识能否从一个领域转移到另一个领域。

社会实践在信息文化培训中的位置

信息文化和一般文化一样,可以延伸到社会信息传播实践、使用和知识领域。因此,在信息文化中,我们应该以一种有意义的方式来探究这种非正式的文化是如何被培育出来的。本文采用的信息实践的生态学方法(Davenport,1997)有助于发挥环境的基础性作用。在这个环境中,主体与搜索工具(特别是数字化工具)建立了联系。

非正式实践属于情境行为,严重依赖于它发生的环境。在环境中,主体调整自己的定位,以及表达空间和内化空间。非正式环境建构了与信息的关系,以及与查找工具,特别是数字化工具的关系。我们认为,教育机构之外的信息实践也应被视为"非正式的"信息实践,因为那些实践对于行为主体来说具有真正的合理性,而且被大家认为是行之有效的实践。

无论行为主体处于什么状态,信息实践对他们都具有合理性,尤其是在家庭和情感环境中,他们受到社会合理化倾向的强烈影响。在家庭和友好的社交环境中产生的信息实践还会催生信息的假想、信息搜索活动和搜索工具,而这可能会阻碍他们从正式的环境中获取知识。所以说，值得人们关注的是这种非正式文化，它形成于教育机构之外，却又深刻建构了每一个个体的信息文化（上网浏览模式的偏好、个人信息评估方法的使用，等等）。

  然而，在培训中，将这种非正式文化纳入考虑范围内却给教师们出了一道难题：他们自己往往就会对学生的信息实践产生一系列负面的假想。我们由此看到一种冲突，这出现在他们对学生的教导和培训实践中，有时显得非常固执和刻板。这种教师向学生灌输刻板形式的做法，大概与他们不信任个人专长有关。因此，专家和知识中介的话语显得尤其矛盾：当他们以社会个体的身份表达自己时，他们会采用和他们的学生相似的观点，把在互联网上搜索信息的行为合理化；但当他们采用信息文献专家的观点时，话语会变得大为不同，其中还充斥着对数字化搜索工具的不信任和负面评价（Cordier，2011）。

信息文化

参与者要如何适应不同的组织

我们现在讨论信息文化，不是从它的教学形式和方法去讨论，而是将它放在职业活动的背景下去讨论。事实上，我们可以通过不同组织的全部活动，看到信息文化的构成。我们在研究中选择了生态建设领域的企业，主要因为它们是小型企业（一般来说有2—3个职员）。在这样的企业中，管理信息的是建筑师和生态工程师，而非信息专业人士和资料管理的专业人员。通过一系列有关信息行为的实地调查和观察，[①] 我们发现，这些建筑师和生态工程师没有通过专门从事资料媒介的专员查找资料；也就是说，对信息的查找、选择、储存和吸收是通过生态建设专业人士的操作和对职业的理解进行的。他们认为信息对他们的工作内容和前景很重要。

---

① 由阿基坦大区委员会资助的职场学习中的知识管理（GCPA）研究（2013—2016年），参见：http://gccpa.espe-aquitaine.fr/。

性能目标

在这些组织中,信息文化正在发展,其特点是注重效率和改进专业实践。接受询问和调研的建筑师和其他专业人士认为,信息性能主要取决于三种表现。

首先是经济表现,使用者把信息实践和信息搜寻联系到一起,优化对市场和客户的研究,以便找到新的经济发展前景。他们认为,只有对营业额提高、红利增长等有直接的影响时,有关信息实践的思考、组织和建构才有意义,尤其是在面对当地的直接竞争对手时。其次是环境表现,使用者关注他们的信息实践最终能否降低能源成本、可替代资源的成本以及(非常昂贵的)信息订阅的成本等。最后是社会表现,加强信息实践应能拉近企业和企业之间的距离,以及企业和公共集体组织之间的距离,从而能够聚集相关的专业人员,建立起这些人员之间的非正式的职业培训体系和创新交流网络。

对环境的适应

行为主体不停地面对如何让信息实践适应其

所在组织的规则和可以提供的信息的问题,以及如何考虑信息实践中组织的约束的问题。因此,在学校,青少年会根据不同的学校或家庭环境采取不同的行为,这就反映了他们能够参照不同组织的规则去适应不同环境的能力。一些论文甚至还会提到对所谓"校园网"的使用,以及对"个人网"的使用,后者更开放,更符合个人兴趣和个人社交圈的需求(Dioni,2008)。

相反,通过观察和讨论生态建设专业人士的实践,可以看到他们眼中的信息活动介于高度标准化的职业活动(标准和规范、技术层面、资金层面)和艺术实践之间,同时建立在对各种类型的文本(社会学、城镇规划学、生态学、设计学、文学和新闻)的阅读和浏览之上。因此,他们的信息文化倾向于将组织与更加个人化(乃至个性化)的使用有机结合起来。我们还可以说,"信息"一词之于他们的意义是非常开放的,包含文件、数字化出版物以及各种潜在的知识(数据收集、草图、个人笔记,等等)。这些东西在他们看来发挥着相当重要的作用,因为信息文化最终体现为社会观念、消费者意见和政治潮流,他们的目标是把这些东西融入现代建筑的设计和营造中。

这鼓励我们将信息文化看作一种将智力方法导向社会环境的过程，诱导人们抓住这一契机，以培养属于他们的职业、社会和公民责任。

当审视不同形式的文化在社会、职业、教育和个体领域纷繁的文化形式时，我们需要看到信息文化并非一般文化的替代品。事实上，信息文化不能被视为另一种形式的一般文化。对信息的研究和评估为上述观点提供了基础性的支持，对信息内化过程的研究以及对政治、经济、历史等不同领域的分析也提供了进一步的佐证，而这些都建立在掌握技术知识和具备相应的能力的基础上。所以，信息文化不能也不应该损害一般文化的基础要件，而应成为对一般文化的补充和丰富。

本文参考文献：

Cordier, Anne, *Imaginaires, représentations, pratiques formelles et non formelles de la recherche d'information sur Internet : le cas d'élèves de 6ème et de professeurs documentalistes*, Thèse de doctorat en sciences de l'information et de la communication, sous la direction de Éric Delamotte et Vincent Liquète, Université de Lille 3，2011. Disponible sur：＜http://tel.archives-ouvertes.fr/

docs/00/73/76/37/PDF/THESE_Volume_1.pdf>

Davenport, Thomas H., *Information Ecology:Mastering the Information and Knowledge Environment*, New York, Oxford University Press, 1997.

Deleuze, Gilles, *L'abécédaire de Gilles Deleuze*. Entretiens filmés par Claire Parnet, Paris, Éditions Montparnasse, 1995.

Dioni, Christine, *Métier d'élève, métier d'enseignant à l'ère numérique*, Paris, INRP, 2008. En ligne:<http://hal.archives-ouvertes.fr/docs/00/25/95/63/PDF/rapportrecherche0208.pdf>

Eco, Umberto, *Lector in fabula. Le rôle du lecteur ou la coopération interprétative dans les textes narratifs*, Paris, Librairie Générale Française, 1985.

Forquin, Jean-Claude, *École et culture. Le point de vue des sociologues britanniques*, Bruxelles, De Boeck, Paris, Éditions universitaires, 1989.

Hargittai, Eszter, «Second-Level Digital Divide:Differences in People's Online Skills», *First Monday*, volume 7, n° 14, avril 2002.

Disponible sur: < http://ojs-prod-lib.cc.uic.edu/ojs/index.php/fm/article/view/942/864>

Juanals, Brigitte, *La culture de l'information, du li-*

vre au numérique, Paris, Hermès science publications/Lavoisier, 2003.

La Borderie, René, *Le métier d'élève*, Paris, Hachette, 1999.

Morizio, Claude, *Les technologies de l'information au CDI*, Paris, Hachette Éducation, 1997.

Perrenoud, Philippe, *Métier d'élève et sens du travail scolaire*, Paris, ESF, 2000 (4e édition).

Prensky, Marc, *Teaching Digital Natives : Partnering for Real Learning*, Thousand Oaks, Corwim, 2010.

Serres, Alexandre, *Dans le labyrinthe : évaluer l'information sur Internet*, Caen, C&F éditions, 2012.

信息文化

在职场中提供信息和获得信息：技术资料的使用

安吉拉·斯塔尔德，埃里克·德拉莫特

编者按

首次发表

对信息文化 * 多元性的研究，贯穿于这种文化的发展之中，与之相关的是数字化进程，以及拓宽对重要的读写情景的研究，以便囊括各类被低估或忽视的实践。这些实践包括加注、绘画、复制和编码等日常操作：从购物清单到各类行政手册，再到城市广告牌上的涂鸦。个体也在努力应对一系列需要作出偶然或特别反应的情形，例如依靠操作手册和帮助软件学会使用电脑或是组装一件家具。

借助"信息连续体"的概念，我们将探讨人类与技术文件的关系，以及文件与行为之间的关系。这个概念在包含专业性操作（如职业化的操作）的同时，也不排斥孤立的日常操作。

技术文件的人类学和历史学维度

由于每个人每天都在使用文件（无论是数字化的文件还是非数字化的文件），人们的第一感觉是这种东西太常见了，以至于大家会熟视无睹。信息以一种自然而客观的实体呈现自身，且无处不在、令人唾手可得。这种信息"即得性"的理论基础是斯塔和施特劳斯（Star et Strauss, 1999）提出的一套可见与不可见的生态系统。

第二个感觉是文件在我们之前就存在，之后也会继续存在。在平淡无奇的阅读活动背后，我们调动起一个包含文化、历史、实践和能力的庞大集合体……因此，当徜徉于文件的浩瀚宇宙时，我们无法忽视这样一个事实：任何一个群体的成员都会发现他们的文字不可能毫无倾向性。相反，文字中"栖居"着其他人的观念和各种社会规约。

正是在这样的情形下，我们才能思考世界发生的改变，特别是数字化技术的到来给工作环境带来的改变。毋庸置疑，这些技术促使我们转向一种和 20 世纪 80 年代之前完全不同的操作模式，正如工业革命和 20 世纪上半叶层出不穷的发明导致了商业和管理方式发生了同样深刻的巨变（Gardey，2008）。信息社会 * 和与之相关的信息文化，正是这种结构性遗产的产物。

我们在研究职业化情景中的信息文化 * 时，技术文件的概念将发挥非常重要的作用。从技术文件出发的研究方法，旨在理解一个组织中文件与行为之间的关系。

知识的获取、学习、内化和社会化

我们可以通过几个重要的认知活动过程——知识的获取、学习、内化和社会化——来快速发现技术文件与信息文化之间的关系。

获取和学习

按照通常的用法，知识的获取和学习依靠彼此的关系获得定义。

获取是指在一个自然的环境中自发获得的技能或知识。例如，在组装家具时要参考装配说明书,做饭时要看食谱——在这些活动中,文件指导人们的行为。知识是在非正规的实践中获得的,这类实践有时过程复杂,有时是不完整的。

在日常的信息环境中,人们在通过不断地试错,学会与不同类型的文件(报刊、词典、报告、卷宗、公告、地图等)打交道时,构建出了一整套"做事情"的方式。人们相信可以"通过实践来学习",以掌握信息文化。这种"知识"具有融合性与流变性的特点,它与职业化环境中的知识不同,后者的日常活动受到计划或规范的高度制约。

学习是指在一个机构中按部就班地获取技能,也就是说通过培训来教会人们掌握一种职业技能。年轻人一旦进入技校或者职业学校,就是在学习,当学徒更是如此。他们与之打交道的人负责教会他们如何在一个具体的职业情景中与他人相处和沟通。面对这些文件,年轻人不仅需要学习其中的理论和技术内容,还要将这些内容与工作实践、对实践的分析和有关工作的创新相结合。

内化和社会化

面对这两个概念时,"内化"显得更有趣,也更具操作性。一方面，它的含义很丰富，既包含多种多样的行为，同时又不会把它们割裂开来看待。这些行为在一个年轻人的生活中始终发挥着关键作用，也表现在许多方面。例如，学习者要与成年人互动（或与为成年人设置＊的信息互动）。另一方面，我们不可能按单位片段孤立地去观察内化的过程，因为这其中包含价值观、态度、感受和社会关系等诸多因素。为了分析内化的过程，有必要考察人们是如何认识、讲述并赋予内化含义的。

社会化的概念与内化相辅相成，因为相关实践是不同社会圈子的组成部分，它们都有各自的行事准则、规范和框架。信息的内化也因此被作为一个整体看待。所以，我们的信息文化研究不是通过把与信息的关系看成"连续的"概念来理解这两个概念（无论是在学校内外，还是在工作场合）。我们强调信息文化的研究路径是一种"叠加的"路径。这种"复合型"的社会化揭示了横亘于信息—文献之间的"参考知识"（Develay，1992），而这正是信息和传播科学重点考察的对象。

知识流通、技术文件和职业活动

技术文件是一种可以记录和承载知识的文件，以便在不同的"世界"流通（Becker，2002）。文件将知识和技能整合在一起，它本身的形式也非常具有识别性。文件形式在不同的媒介之间只会有微小的变化，因而成了不同的组织行动的基准。

技术文件：知识、处世和技能

技术文件是一种认知伪像*，可以协调个人行为与组织行为的关系。技术文件的使用，使对某一情形的客观认知和主观认知统一起来。

我们将以建筑行业为例，探讨技术文件的几个不同维度。

技术文件的身份价值维度：知识和处世

技术文件是构成建筑业职业身份的元素之一。从建筑师到工程师，从施工监理到熟练工人，所有工种的人都会用到它。从办公室到施工现场，这个行业的不同场合也会用到技术文件。

我们有必要从历史维度考察技术文件,以便理解其具有的强烈的象征意义。擅长研究建筑的艺术史学家和书籍史学家率先创造了一种技术性文献,很早以前就将创造艺术的过程编入典籍。维特鲁威的建筑学专著就是将建筑艺术的知识规范化的代表作,其目的是尽可能广地传播和以不同的元素来刻画和展现建筑艺术。绘画就是描摹建筑艺术的一种方式。

技术文件的规范性价值维度:技能

技术文件用来解释做什么、怎么做,因此必须规避一切理解障碍,让不同的参与者都能找到共同的语言。这类文件的目的是记录、承载记忆并将其条文化,例如指令、内部规范或机器的使用方法。技术文件规范化的特征有助于指导人们的行动,它无疑是一个有计划的行动中显而易见的组成元素。

技术文件也分层次,它是由一个一个的分析单元构成的。如何划分一个单元,取决于接受者的体验,同时受到一系列印刷、组织和专业术语上的编纂规则的制约(Leplat,2004)。

技术文件的实用价值维度：运用技能

许多研究者和实践者持有一种正确的观点：有效内化技术文件的前提是人们对某样东西或技术设备有起码的认识和操作能力。这是实际工作中技术文件被社会整合使用的关键一步。这里也蕴含着创新的可能，换句话说，技术文件可以被超越。这就需要掌握"表象、用法、改变"（Perriault，1981）。只要使用主体遵循实用主义[①]的原则，开展探究式的活动，那么，他就不必再循规蹈矩、按部就班。不过，实践观察告诉我们，探究的那一瞬间决定了他能否拥有创新的状态；他从一个既定环境和条条框框中超脱出来，处于两个同类操作者的中间位置，徘徊过后又回到既定的场景里，或是忘记了所思所想。

同样的道理，技术文件处于一个研讨过程的核心：它是一个"被生产、被传播、被使用、被接受，以及在阐释中被重构的东西"（Courbières et Régimbeau，2006）。因此，技术文件打开了第

[①] 实用主义是一种以实际运作、成功解决问题、适应情况等事实为依据标准的学说。

二个可供研讨的空间：就在操作者之间。它可以被视为一个组织开展工作时的媒介，它使个体之间发生自行协调行为成为可能（Vinck，1999）。

技术文件本身：一种社会契约

技术文件是一类记录良好实践的技术文献。它承载真实的文化，在记录知识时遵循一定的规矩，这个规矩沿袭了古代的形式，随着印刷机的出现而得到更新，即便在数字化技术迅猛发展的今天，依然清晰可辨。

以建筑行业为例，技术行为是一种模式化交流的组成部分，方便了人员之间的联系和沟通，使他们能够通过规定动作正常开展合作。因此，这里的交流是规范化的，有时也是固化的。正是在这个意义上，我们可以将技术文件视为一种信息工具，它为一个行业提供明确的标准。这些标准由整个行业来制定，构成了至高无上的准则。这个工具的力量源于一种共识、一种规范。化名为罗杰·T. 佩多克（Roger T. Pédauque，2003）的研究小组从三个维度给这种准则下了定义，让-米歇尔·萨劳恩（Jean-Michel Salaün，2004）后来对此做了补充分析。技术文件可以被定义为一种社会规范,它包含三个协调一致的特征。

为了能被业界理解和使用,技术文件必须:

• 可辨:从形式上可被识别。这是第一个结构性维度,形式上的可读性取决于业界是否将其视为一个更高的准则。

• 可理解:能传递信息。这是第二个结构性维度,被记录和交流的技术事实,可以构成一类被所有人解读的信息。

• 可内化、可信赖:标准化。这是第三个结构性维度,也是业界普遍关注的标准。

于是,这引出了制定技术文件时的约束性因素,它必须包含任何规定性文件应体现的三方面的可理解性(Leplat,2004):文本(编纂)、信息(理解)、功能(行为)。

技术文件、计划行动和操作调整

要理解职业环境中的信息文化,有必要研究相关的文本,以及这些文本是如何被制定和使用的。技术文件是工作文件,即为了某项具体工作情形而制定的文件。不过,这里有必要做一个区分：规定性的工作文件和实际工作文件（Boutet，1993）。技术文件属于规定性的工作文件，旨在告诉组织的从业人员需要做什么，以及怎么做。所以，这类文件的价值在于设立标准和制定规则。布丽吉特·居约和希尔维·诺曼（Brigitte Guyot et Sylvie Normand，2004）认为，在文件中，"组织始终存在，既体现在实操层面，也体现在语言和符号编码*层面"。它是一套协调一致、精心组织的既定流程，通过一系列目标和标准得到贯彻执行，同时在参与主体的职位分工和行动的标准上得到体现。

行动文件和操作调整

技术文件是一种行动文件。它由"三个层面组成：技术层面（遵守形式规则和写作规范），社会层面（在制定文件的过程中依靠一系列必要的互动和使用预期），组织层面（包含某个具体组织特定的限制）"。它在认知、社会和组织层面起协调作用，记载自身所应包含的规定，最后也反映从业者采取的行动、承担的风险和责任（Guyot，2007）。

技术文件组织了有计划的行动，也就是说，

在职场中提供信息和获得信息：技术资料的使用

它包含清晰的步骤。这里涉及两种现实情况（Thévenot，1990）[①]。第一种是按技术文件说明的步骤来调整行动，由此在行动与目标之间建立联系。第二种是调整手段方法，以达成既定的目标。行动者是自主的，而他的环境（纯粹从功能出发）是用来达成既定目标的。需要注意的是，实践观察表明，技术文件有时未必能起到权威指南的作用。

研究人员也会考虑规定（必须遵循的流程）与个体在行动中实际使用规定文件时的误差。这种误差或差异，至少带有一层负面的含义。例如，人体工程学家为了实现规定文件的主要意图，会削足适履，做一些调整（Meyriat，1978）。

"行为"的概念强调这种永久调整的动态变化。"与其为了描述行动特点而把所有重点都放在行动者身上，不如关注协调性，它鼓励我们重视把握环境，而环境正是与'行为'密切相关的。"一份文件"居中协调"的部分，是行动者在不同

[①] 洛朗·特维诺行动理论研究从个人行动到共同行动的转变，使我们能够理解行动人如何做出"从共同的信念（表征）到共同的姿态（实践），最后到共同的对象（客观现实）这样的转变"。

参与机制的环境中发展出来的（Guyot，2012）。

技术文件和标准类似，是一种发挥协调功能的东西，可以被定义为一种信息或交流工具，便于协调行动。目标因此成了社会互动和协调行动的对象。技术文件"这种工具旨在指挥行动，而不是语言，至少不是那种强有力的语义符号。换句话说，技术文件在从业组织的有限的框架内，被赋予了一种约定俗成的意义"（Le Moënne，2013）。

技术文件与协调过程密切相关，可被视为一种交流和沟通的工具，尽管拥有非常严谨的形式，但它在实际工作中仍为不同的行动者开辟了协商的空间。

行为管理与职业信息文化认同

我们注意到，行动者越有经验，他们看到的协商空间就越大，因为他们发现技术文件不再是一个刻板的指南，也不必被原封不动地照搬，而是可以协助他们结合实际情况采用适当的做法。所以，2010年在37个课堂开展的一项调查的结果显示，不同水平的学生对技术文件的认识存在巨大的差异，这与他们的行业经验密不可分。[1]

调查表明，一个非常初级的学生多半会从程序的角度来认识技术文件，将其当成自己需要遵循的规矩。当被问及"技术文件是做什么的？"时，这样的学生通常会"解释需要完成的任务"或"说明需要遵循的程序"。但处于培训末期或受过更高阶的教育的学生会这样回答——"它是帮助我找到解决方案的""它的作用是帮助我做好工作"。我们似乎可以认为，当技术文件在组织中得到实践运用时，这一工具的强制性在行动者为工作而进行的协调中消失了。

这种认知变化源于一个认同过程：学生在接受组织训练期间，会遇到技术文件所带来的新的实践。对于他们中的一些人，学习组织中的技术文件的过程，相当于在践行和组织一致的目标。这种积极的社会化学习现象在阿兰·古龙（Alain Coulon）的一份研究中得到了重点关注。这一研究围绕文献教学展开，将文献看作促进知识认同

---

[1] 2010年鲁昂学院图书馆教师工作组运用语料库方法进行的调查。关于该调查的介绍及调查结果，参见：http://documentation.spip.acrouen.fr/spip.php?article296。

和学生学习成功的一种工具。他认为有必要让学生掌握"脑力劳动所遵循的规则的实用性",以便真正获得"学生的职业素养"(Coulon,1998)。

掌握和熟悉建筑业中的信息文化

我们关于认同过程和脑力活动规则实践的研究路径,与伊夫·让纳雷(Yves Jeanneret,2008)关于惯常性的研究不谋而合:"我所谓的'惯常性'不是去研究最基础的知识,或认为这些知识不重要,而是从词源学的意义上,去分析知识和价值是如何在社会上流通的。"惯常性可被视为这样的状态:知识得到普及,缓慢地被分解,被反复使用,变得稀松平常、面目全非,直至彻底融入日常话语体系。

信息文化因此从互动范畴走向私人范畴。在互动范畴中,信息文化是一个中介,但在私人范畴中,行动者经常以笔记的形式将信息文化内化,方便他认识活动。

这份工作笔记(见下页图)一部分在现场完成,常常是由工作人员记录在笔记本上,然后回到办

在职场中提供信息和获得信息：技术资料的使用

公室注解说明。

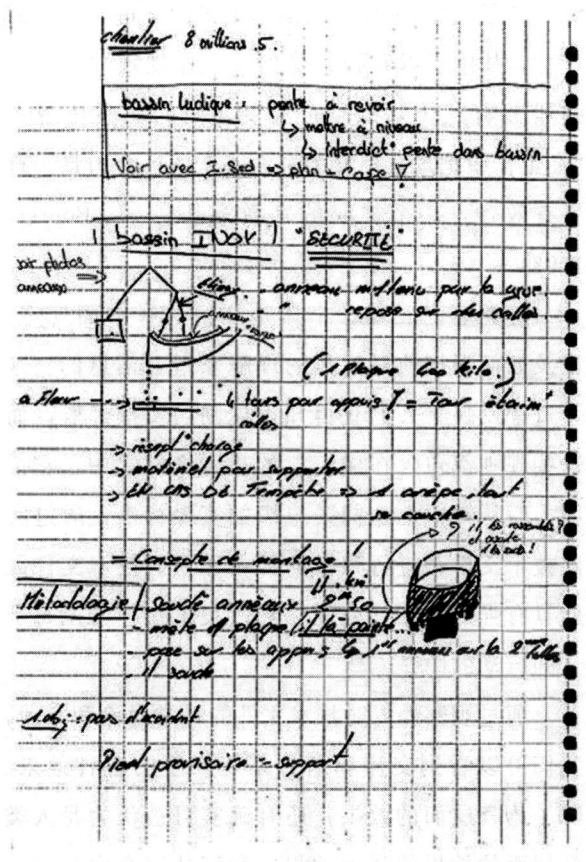

这份笔记不会被直接用于沟通，但它是以技术文件为标杆写下来的，技术文件都是有据可查的技术事实。除了"形式"，技术文件还包含技术

事实，它是一种"信息"，旨在得到行业认可并被赋予"意义"。工作中的笔记更多的是口头表达的产物，从中可以看到它受到了工作规划性文件的强烈影响。口头和书面文字之间的联系体现了"在工作中把规范上升为书面条文的社会力量、符号有效性，甚至神秘的宗教意味"。（Boutet，1993）

这类笔记展现了个体是如何选择书面规定，以及如何根据他对规范的理解来组合信息的。这个过程反映了人们获得知识规则的实操经验，而这些规则都包含在建筑业的技术文件之中。它说明人们从知识上认同了组织的实操标准，通过实践技术文件来进行积极的社会学习。技术文件因此具有强烈的象征内涵，它代表了一种协调每个人的行动的中介。

通过观察外界对技术文件的日常讨论和实践，我们可以看到交流和信息系统产生的各种效果。除了语言层面的效果，还有确实可被认为是人类学层面的效果的强烈效果：我们从这个内化于心的实践中发现，它体现了规范、共同文化和共同参照的获取，以及通过共同模式对信息进行处理和分类的方式。

结语
技术文件：信息文化不可或缺的构件

  宏观社会实践和职业实践之间的循环关系，以及两者之间难以避免的相互影响，都是显而易见的。但我们还远未彻底探究所有后果，特别是技术文件作为教材是如何得到社会普遍认可的。

  与之相关的职业信息文化复杂而丰富，具有如下三个维度。

  一是技术层面：告诉人们做什么、怎么做。技术文件指导、支持并约束个人以及组织中的集体行动。

  二是以行动为导向：作为货真价实的社会契约，技术文件为协调职业活动提供了参考标准。

  三是结构层面：鉴于技术文件源于人们共同遵守的规则和程序，它由此成了一种信息和交流工具，反映了一个从业团体内部重要的历史沿袭。

  毋庸置疑，这里涉及培训问题，而不仅仅是技术教学。事实上，这使人们能够掌握职业范围内的各种实践经验。

本文参考文献：

Becker, Howard S., *Les ficelles du métier. Comment conduire sa recherche en sciences sociales*, Paris, La Découverte, 2002 (1ère éd. en anglais 1998).

Boutet, Josiane, ‹Quelques propriétés des écrits au travail›, *Langage & Travail*, Cahier n° 6, 1993, p. 18-25.

Coulon, Alain, ‹Un instrument d'affiliation intellectuelle›, *BBF*, n° 1, [En ligne], 1999, p. 36-42.

Disponible sur: <http://bbf.enssib.fr/>

Courbières, Caroline et Regimbeau, Gérard, ‹Entrées pour le document: praxis, matières et formes sociales›, *Sciences de la Société*, n° 68, mai 2006, p. 3-9.

Develay, Michel, *De l'apprentissage à l'enseignement*, Paris, ESF, 1992.

Gardey, Delphine, *Écrire calculer classer: comment une révolution de papier a transformé les sociétés contemporaines (1800-1940)*, Paris, La Découverte, 2008.

Guyot, Brigitte et Normand, Sylvie, ‹Le document brevet, un passage entre plusieurs mondes›, *in* Actes du forum pluridisciplinaire document et organisation: *La semaine du document numérique* (La Rochelle, 22-25 juin 2004), Europia, 2004.

Guyot, Brigitte, ‹Processus éditorial: faire passer un

在职场中提供信息和获得信息:技术资料的使用

document d'un monde à l'autre》, *in* Kogan, Anne-France et Metzger, Jean-Luc (dir.), *Où va le travail à l'ère du numérique*?, Paris, Presse des Mines, 2007, p. 213-215. Disponible sur: < http://books.openedition.org/pressesmines/1406>

Guyot, Brigitte,《Comprendre une organisation par l'analyse de ses documents》, *Archives ouvertes en sciences de l'information et de la communication*, [En ligne], 2 février 2012. Disponible sur:http://archivesic.ccsd.cnrs.fr/sic_00665224.

Jeanneret, Yves, *Penser la trivialité. Volume 1: La vie triviale des êtres culturels*, Paris, Hermès/Lavoisier, 2008.

Le Moënne, Christian,《Entre formes et normes. Un champ de recherches fécond pour les SIC》, *Revue française des sciences de l'information et de la communication* [En ligne], 2013.

Disponible sur:<http://rfsic.revues.org/365>

Leplat, Jacques,《Éléments pour l'étude des documents prescripteurs》, *@ctivités*, [En ligne] volume 1, n° 2, 2004.

Disponible sur:<http://www.activites.org/vln2/Leplat.pdf>

Meyriat, Jean《De l'écrit à l'information: la notion de document et la méthodologie de l'analyse documentaire》, *Infocom* 78, 1er Congrès SFSIC, Compiègne, 1978, p.23-32.

Pédauque, Roger T., 《Document: forme, signe et relation, les re-formulations du numérique, *Archives ouvertes en sciences de l'information et de la communication*, avril 2003, [En ligne].
Disponible sur: < http://archivesic.ccsd.cnrs.fr/sic_00000413>

Perriault, Jacques, *La logique de l'usagë Essai sur les machines à communiquer* (préface de Pierre Schaeffer), Paris, Flammarion, 1981 (réédition 2008, l'Harmattan).

Salaün, Jean-Michel, 《Chronique inachevé d'une réflexion collective sur le document》, *Archives ouvertes en sciences de l'information et de la communication*, 1er juin 2004 [En ligne].
Disponible sur: < http://archivesic.ccsd.cnrs.fr/sic_00001028>

Star, Susan Leight et Strauss, Anselm,《Layers of Silence, Arenas of Voice: the Ecology of Visible and Invisible Work》, *Computer Supported Cooperative Work*, volume 8, 1999, p. 9-30.

Thévenot, Laurent, 《l'action qui convient》, *Raisons*

pratiques, volume 1, 1990, p. 39-69.

Vinck, Dominique,《Les objets intermédiaires dans les réseaux de coopération scientifiquë Contribution à la prise en compte des objets dans les dynamiques sociales》, *Revue française de sociologie*, volume 40, n° 2, 1999, p. 385-414.

信息文化

大学里的信息文化：
知识为中心与知识的重要性

亚历山大·赛尔

编者按

首次发表

数字文化、计算机文化、信息文化＊、网络、媒体、教育信息传播技术、数据等，这些相继出现的相互交叉、相互重叠的名词都是数字网络时代的大学生、博士生、教师—学者需要掌握的新能力、新知识。在大量出现的术语里，"数字文化"成为一个统称，一只百宝箱，囊括所有和互联网相关的其他文化和习惯做法。但是，一个新的信息载体能否描述它所涉及的所有现实？数字可被视为信息中的一类，那么，为什么不用"信息文化"来表示和信息现象相关的大量文化，并强调信息相对于数字所具有的优势呢？

大学里的信息文化：知识为中心与知识的重要性

从单数到复数

信息文化的概念具有内在的复杂性，一方面和"文化"一词的定义相关，另一方面和"信息"相关。这个概念也有单数和复数之别。文化的两个最常见的研究角度——社会角度和传输角度——又包含哪些信息类型呢？是媒体（新闻信息）意义上的信息，文献或图书馆学（知识信息）意义上的信息，还是信息科学（数据信息）意义上的信息？这三个类型的信息在认识上有很大区别，经常在人力资源部门制定岗位能力参考标准*时被混为一谈。在法国，信息素养在很短的时间里取得了很快的发展，我们可以把这个过程概括为三个阶段和三个问题。

——"掌握信息*"（也就是英美国家所说的信息素养*）阶段，此命题建立在文献或图书馆学信息的方法上，同时需要过程性能力/实操性能力（知道如何查找信息、使用图书馆等）；"掌握信息"于20世纪70年代末出现在美国，而且自八九十年代一直到21世纪都占据着重要位置。

——"信息文化"阶段,这个命题包含的内容更广泛,它包括广泛意义上的个人行为、认知行为、价值、实践、理论知识、技能等;这个出现在20世纪90年代的命题(Baltz,1998)在21世纪初的众多研究中有所体现。

——"全媒体素养＊"或"多种信息文化"阶段,这个命题同时指人们在与所有信息和传播媒介的互动中产生的实践以及文化(Thomas et al.,2007);这个命题于21世纪00年代中期出现在美国和英国,并给今天的法国带来了大量的讨论和相关研究。这个命题是有意以复数形式存在的。首先,它超越了教学过程中图书馆学的研究方法。图书馆学的研究方法虽然有它的合理性,但是不能覆盖信息文化的所有领域。其次,图书馆学的研究方法是单纯从信息(文献信息意义)的角度出发的,在今天被全媒体素养的方法所质疑。全媒体素养研究的方法明确了计算机文化、媒体文化和信息文化之间的关系[①],并且涉及关

[①] 参见法国国立视听研究院《视听电子档案》中的"信息文化教育"部分,2012年1月,http://www.inaexpert.com/e-dossiersde-l-audiovisuel/e-dossier-de-l-audiovisuel-l-education-auxcultures-de-l-information.html。

于数字的多种应用和新能力。面对互联网的文化和实践的交融，全媒体素养的方法给出了更具整体的、跨学科的回答。

六种信息文化

大学里至少存在六种不同类型的信息文化，每一种都指的是特定的能力、知识和意义。它们中的大部分都传播扩展到了原来的职业领域和科学领域之外。信息文化从一个领域到另一个领域的传播也是信息文化的重要意义之一。信息文化事实上不再限于信息技术人员的范围之内，也不限于图书馆管理员的档案信息文化之中，问题在于，今天如何在大学生和博士生中增加、改变和扩展这些可以被即时获得的信息文化。另外一个问题是需要增加岗位能力参考标准，每个新的岗位能力参考标准中都列入了新的能力。下面就让我们来看看这涉及哪些能力。

文献文化和信息文化：对学业成功至关重要

首先出现的是文献文化和信息文化，它们构

成历史上"掌握信息"（信息素养）概念的基础。这组文化同时涵盖了熟练使用图书馆、电子资源以及信息搜索工具的方法。

在大学学会利用好文献机构、资源、文献数据库等：这些能力属于文献信息文化的范畴。要想在学业上取得成功，掌握这些能力在方法论层面是很重要的。阿兰·古龙（1999）提出了大学生"知识同化"（affiliation）的概念。文献文化在历史上都是由与图书馆相关的职业传承发展的，在推动技术进步的过程中不断演变，但它还保留着一些一成不变的关键概念。

信息文化 * 比单纯图书馆领域的概念涉及范围更广。不管是否有网络，它都涉及所有和信息获取设备之间的交互，包括搜索信息，熟练使用搜索工具，跟踪信息，评估分析从网络上获取的信息，了解和运用信息处理工具，存储和传播信息，等等。信息文化所涵盖的信息能力、实操领域和知识领域极大地扩大了。

信息文化不应局限在使用搜索工具上：信息文化作为一种知识（知识信息）和信息建立某种联系，涉及搜索、辨别、过滤、评估和处理信息的能力。过去15年中，信息能力 * 成为很多能力参考体系中的指标。在最近一次被写入指标是在法国大学图书馆和文献管理人员协会（ADBU）大学教学和文献委员会于2012年发表的信息能力参考体系中。在这个能力参考体系中，该委员会对信息能力进行了详细的描述，并列出了相关的课程（ADBU，2012）。这个参考体系优先适用于本科学生，属于"掌握信息"系列，目的是帮助学生取得学业成功。

研究界特有的文化：科学信息

科学信息文化和前面提到的两种文化很接近①，但是也有所区别，区别体现在两个方面：受众和场域。和信息文化相比，它更侧重于这两个方面。科学信息文化领域包括相关的理论和实用知识。科学信息文化所涉及的领域很广泛，包括传播方式、传播途径、参与者、写作方式、出版方式、科学评估（例如同行评审＊、自由获取、科学博客、数据处理和可视化工具、数字人文、开放科学、对研究的评估等）。由此产生的科学信息文化包括几个部分：可被陈述的知识（知道什

---

① 相关内容参见：Schafer, 2014。

么是开放档案)、技术能力（使用信息绘图工具)、信息技能（知晓出版流程)、价值观和政治定位（对自由获取运动的看法)、各类表现形式和实践。

与（涉及所有网络使用者的）信息文化相比，科学信息文化涉及人数较少，但并不局限于专家，如今也涉及众多主体。科学信息文化处于教师团体和图书馆工作者业务的交叉地带，这两个群体在科学信息文化中扮演着重要角色，但并没有被社会充分认可。科学信息已经成为一个影响到博士生、信息职业人士、工程师、决策者、专业研究人员等不同研究角色的公共领域。另外一个变化是，这个以前根植于每个个体学科领域的科学信息文化，如今变得更加跨学科，并且成为研究人员，特别是各个学科的博士生所需要掌握的内容（Malingre et Serres，2011)。最后，我们要指出一个从术语角度来说的有趣变化：以前的"科学技术信息"(ST) 如今变为了"数字科学信息"(ISN)，这标志着科学信息向数字化发展。这个发展的重要意义之一是明确了数字科学信息需要调动哪些技能，这些技能在数字科学数据库的第

大学里的信息文化：知识为中心与知识的重要性

九部分[1]（BSN 9）可以查到。

计算机文化：至关重要而得到的理解不足

计算机文化是另一种重要的文化，它既包含"信息自动处理"的基本概念，又包含"信息科学和网络认证 C2i"[2]中列出的多种知识技能。计算机文化是计算机科学家职业身份的核心，不过它也随着数字化在人类活动中普及和发展而逐渐超出职业范畴，通过信息科学文化的基础部分和计算机运行的基本知识等因素，在不同程度上影响了"大众"。大学中的计算机文化有两个主要特点。

——在职场中，从概念上和实操上掌握计算机尤为关键。对于大部分大学生来说，在进入复杂的职场之前掌握计算机文化的基础知识变得尤为重要。[3] 然而，不同的研究结果显示，他们的计算机文化明显不足，"大众"对计算机工具的拥有和使用情况参差不齐。

---

[1] 参见：http://www.bibliothequescientifiquenumeriquëfr/? BSN9-Formation-competences-et。
[2] 计算机和网络证书。参见：http://c2i.education.fr/。
[3] 参见劳尔·昂德里济的多项研究，2013年。

信息文化

——掌握计算机文化除了要理解计算机科学的原则和逻辑,同时也要看到这种文化在知识和社会层面的意义。各类计算机协会和相关人士一直以来也在提醒人们要加强计算机普及教育[①]。我们生活在一个高度信息化、数字化的社会里,如果没有理解这些领域的最基本的能力,便将不可避免地被排斥、被误解,甚至受制于难懂的技术逻辑。如果说使用社交网络和搜索引擎不需要计算机知识,那么,不了解社交网络和搜索引擎的运行原理则会让人面对科技时产生盲目性,这有可能让人们付出巨大的代价。

只有提高计算机的使用和实践水平,大学生们才能更好地融入职场,并且形成对数字网络和工具的批判性认识:这正是在大学里普及计算机文化的两个主要意义。最后,计算机文化的另一个更具理论性的意义是:思考信息文化在数据信

[①] 关于计算机科学广义教学的问题,参见法国国家科学院2013年5月的报告:http://www.academie-sciences.fr/activite/rapport/rads_0513.pdf;法国国家数字委员会关于法国计算机科学教育的意见,2013年6月18日:http://www.cnnumerique.fr/enseigne-mentinformatique;公共教育和信息技术协会的大量报告:http://www.academiesciences.fr/activite/rapport/rads_0513.pdf。

息层面和知识意义层面上的巨大差异，尽管这两种研究信息的路径在数字化实践中经常会被弄混。另外，在词义上，这两者在认识论层面也有很大的不同。在处理数据时，我们不会考虑信息（指数据信息）的内涵。但从知识意义层面处理"社会性"信息的时候，则先要考虑这些数据的意思。如果把两者弄混，会造成混乱。这种混乱在今天十分常见，比如数据和信息的混乱，信息和知识的混乱。这不仅仅是理论层面的问题，也涉及在教学过程中如何教会学生进行批判性思考的问题。

飘忽不定的数字文化

数字文化是一个流行语，一路上所向披靡。只要读一读众多的关于数字信息的报告和文章，大家就可以找到很多对数字文化的高度评价。这里的"数字文化"似乎囊括了我们在本文中做了严格区分的其他所有文化。然而，数字文化的概念本身就有问题（Simonnot，2009）。如果说，上述三种文化中的每一种都由特定的历史、职业和知识所承载，那么，这个作为信息文化星河新来客的数字文化，是建立在什么概念和什么知识体系上的呢？

围绕数字能力出现的不同定义和标准反映了定义和界定数字文化的难度之大,因为数字能力可以被阐释为:

——单纯的计算机文化和对电脑的使用。例如欧盟统计局(Eurostat)在 2012 年发布的《数说欧盟 27 国数字能力》[①]调查中,数字能力被简化为对电脑和软件的使用。

——单纯的互联网文化和对网络的掌握。例如谋智(Mozilla)基金会最近发表了"网络素养标准",其中列了一个能力表,包括谋智基金会和相关领域的专家认为人们在访问网站、在网络上发布信息并参与网络活动时需要具备的重要能力[②]。

——使用电脑、互联网和信息的能力。这是法国学生在计算机和互联网使用能力方面的认证参考标准之一[③]。

——欧洲议会提出的更为宽泛的"熟练地并

---

① 参见:http://europa.eu/rapid/press-release _ STAT-12-47 _ fr.htm。
② 参见:https://webmaker.org/fr/standard。
③ 参见:http://eduscol.education.fr/cid46073/b2i.html。

批判性地使用信息社会＊技术"[①]。

——甚至是信息文化本身,例如加拿大政府提出:"不存在对数字能力的合适的或者标准的定义,但认同数字能力是通过数字科技来发现、组织、理解、评估、创造和传播信息的能力。"[②]

在法国,许多研究员表示给数字能力下定义很困难,同时,他们质疑这个概念本身的合理性(Papi,2012)。抛开对数字能力本身的理论层面的争论不谈,从实用主义的角度来讲,我们能否用文化社会学的方法,通过关于数字的使用、实践、技术知识来给数字文化下一个定义?数字文化包罗了关于数字工具、网络和产品的使用和知识。因此,数字文化包含的内容要比计算机文化包含的内容多,它包含信息文化的一部分,并且多了一层很强的社会属性。这种社会属性在其他文化中体现得并不明显。

无论数字文化被认为是信息文化银河里的一

[①] 欧洲议会和欧洲理事会2016年12月18日关于终身学习关键能力的建议,参见:http://eur-lex.europa.eu/LexUriServ/LexUriServ.do?uri=OJ:L:2006:394:0010:0018:fr:PDF。

[②] 参见:http://www.ic.gc.ca/eic/site/028.nsf/fra/00041.html。

个组成部分,还是新的"素养之母"①,今天的数字文化对于大学生和年轻的研究人员而言都变得尤为重要。这里可能涉及两个问题,正如我们在上文中提到的:

——知识的问题②,尤其是如何在教学方面思考这种自发的数字文化。

——发展互联网(Internet)、网络(Web)和数字工具的教学的问题,关注它们的历史以及与它们相关的"注意力经济*"和数字身份③这个关键问题等。由于牵涉的需求和主题范围甚广,我们可以根据这些,在自发数字实践的基础上建立一个真正科学的、理论的、实践的、批判的"数字文化"。

需要被重新定义的媒体文化?

媒体文化也难以被定义,因为它建立在一个非常复杂的概念之上。媒体文化首先和关于大众媒体(报刊、广播、电视)及图像的认知有关,

---

① 参见:http://www.scitopics.com/Digital_Literacy.html。
② 参见劳尔·昂德里济的研究,2013年。
③ 参见有关论述:http://merzeau.net/tag/identite-numerique/;http://www.identites-numeriques.net/publications。

大学里的信息文化：知识为中心与知识的重要性

长期以来，媒体文化只是信息传播学和社会学学者、研究媒体历史的专业人士和记者可以染指的领域。在中学教育里，几个世纪以来，媒体文化体现在不同的教学形式中。但是在数字化的影响下，在计算机学、电子通信和视听传播的融合中，媒体文化领域不断地扩大并被重新定义。这具体表现在两个方面：

——一方面是研究对象范围的扩大和深层更新：研究对象除了纸媒和传统大众媒体之外，还有社交网络、论坛、博客等，如果网络可以被视作一种新媒体，则媒体文化领域随着网络的扩张而扩张，几乎没有限制。

——另一方面是媒体概念本身的扩展：比利时媒体教育高等委员会最近发布的报告指出，自20世纪60年代的麦克卢汉以来，所有"符号学社会技术"的集合都可以被视为真正的媒体；所有具备符号学、社会学和技术性三个特征的物体、设置都可以被认为是媒体。①

---

① 参见：http://www.educationauxmedias.eu/outils/brochures/csem/les_competences_en_education_aux_medias_cadre_general。

我们在这里不介入关于媒体文化和媒体教育定义的争论。掌握媒体知识并熟练使用媒体（传统意义上的时事信息的生产和传播形式）明显是大学生基础信息知识和能力的重要组成部分。这一重要性主要体现在对学习至关重要的一些内容上：不断加深对网络上无穷无尽的各种信息以及判定评估信息来源的方法的了解，学会辨认、判断、分析这个或那个信息来源，了解修辞言论的类型，评估言论的可信度。在我们看来，这些都在媒体文化的能力范畴之中。

媒体文化的一个理论关键是它的边界范围，即它与计算机文化和文献信息文化的关系和联结。今天，这三种文化在人们使用网络的实践中混合在了一起，要区分它们各自对应的能力并不容易。

对网上信息的评估可以很好地阐释以上能力的混合情况，因为筛选和判定信息来源需要调动不同的能力，既包括计算机能力，又包括信息能力和媒体能力。[1]

---

[1] 关于此问题的更多阐述，参见：Serres，2012。

大学里的信息文化：知识为中心与知识的重要性

正在兴起的文化：数据文化

如果不提到数据文化，那么，我们对大学里的信息文化的检视就是不全面的。数据文化是一个方兴未艾的文化。目前关于数据文化的理论探讨还不多，这种文化也在伴随网络（Web）的进步而发展。

"数据网络"、大数据、开放数据、开放研究数据、数据可视化工具层出不穷：数据在网络上无处不在，而和我们的讨论相关的是，我们看到无论是在普遍角度还是在职业角度，都出现了一些新能力和新职业（"数据科学家""数据经理"等）。

当然，数据处理和数据生产没有等待网络的出现，数据长期以来就是研究人员的工作重点。处理数据所需的能力（从熟练使用空白表格系统到掌握"数据查找"工具）并没有任何新的变化。如何利用互联网上各种各样与日俱增的海量"大数据"开展研究工作，与许多研究人员和博士生的科研生活有关。

互联网带来的新变化主要集中在三个层面：
——可自由获取的数据的数量；

——日益增多、多样化和能力不断提升的处理工具；

——面临的各种尖锐的挑战：社会性的（个人数据被用于商业用途）、政治性的（无处不在的监控）、科学性的（开放研究数据所带来的问题）等。

关于知识的新挑战也出现了：如今，收集、处理、分析、显示和阐释这些海量数据需要哪些新能力？最近，新一代互联网基金会（FING）网站上的一篇博客文章列出了一个有趣的能力清单，涉及需要"调动的七种能力"（Brugière, 2013）：读写、数字文化、信息—文献—传播、法律、统计、计算机学、设计、绘图法。我们毫不意外地看到了三种信息文化，另有其他特定的文化（法律、统计、设计）。毫无疑问，这些是大学里所有专业和年级的学生需要提高的能力。

三个挑战

首先是量的挑战。大量的文化、有时难以界定的大量的文化之间的关系、大量需要调动的能

大学里的信息文化：知识为中心与知识的重要性

力、大量的参与者、大量的问题、大量的研究对象、大量的关键之处，等等。大学里多维度的信息文化需要较宽的研究领域和复杂的理论思考来考量文化的交融，并将之体现在培训中。不应该用一个万能的数字文化统摄所有文化和能力，而应厘清伴随数字革命产生的不同信息文化之间的关系：使用一个媒体不属于计算机科学，文献方法论没有因为社交网络的兴盛而凋亡，等等。即使同一个载体承载了所有的应用，也不会使各种特定的文化消失。因此，量的挑战在于要在数字互动中重新审视能力和文化。

其次是信息文化与学科衔接方面的挑战。相对于传统学科，每种信息文化有怎样的独立性？对于文献信息文化来讲，这不是一个新问题。但对于本质上都是跨学科的其他类型的信息文化，这个问题应该有一个与时俱进的答案。问题在于，（从认识论和学术角度出发）是否存在一种能被用于所有学科的"共同的信息文化"？

最后是工具的挑战。无论是在这些信息文化中，还是在所有学科中，工具都扮演着关键的角色。面对工具极强的多样性（搜索、监视、处理、显示、发表、存储、注解、书写、阅读、合作工作、数据处理等），掌握和理解这些数字工具成为研究和学业成功的关键因素。

本文参考文献：

ADBU,《Référentiel de compétences informationnelles. Pour réussir son parcours de formation dans les établissements d'enseignement supérieur》, Paris, ADBU, décembre 2012.

Disponible sur: < http://fr.calameo.com/read/0020941243908e7791f54>

Baltz, Claude,《Une culture pour la société de l'information ? Position théorique, définition, enjeux》, *Documentaliste-Sciences de l'information*, vol. 35, n° 2, 1998, p. 75-82.

Brugière, Amandine,《Y a-t-il des compétences "Data" spécifiques ?》, *Finglive*, [en ligne], 2 septembre 2013.

Disponible sur: < http://fing.tumblr.com/post/60060091542/y-a-t-il-des-competences-data-specifiques>

Conseil supérieur de l'éducation aux médias et Boumal, Michel (dir.), *Les compétences en éducation aux médias : un enjeu éducatif majeur. Cadre général*, rapport de synthèse, Bruxelles, Conseil supérieur de l'éducation aux médias, septembre 2013.

大学里的信息文化:知识为中心与知识的重要性

Disponible sur: < http://www. educationauxmedias. eu/sites/default/files/files/CompetencesEducationMedias _ Web.pdf>

Coulon, Alain,《Un instrument d'affiliation intellectuelle, l'enseignement de la méthodologie universitaire dans les premiers cycles universitaires》, *Bulletin des Bibliothèques de France*, n° 1, 1999, p. 36-42.

Disponible sur: < http://bbf. enssib. fr/consulter/bbf-1999-01-0036-005>

Endrizzi, Laure,《Enseignants et étudiants: des visions et des pratiques décalées》, *Pédagogie numérique pour l'économie et la gestion*, [*en ligne*] séminaire international, Paris La Défense, 23-24 mai 2013, Institut Français de l'Éducation, 2013.

Disponible sur: < http://laure-endrizzi. net/wp-content/uploads/2013/06/Diapo-endrizzi- Aunege-mai-2013.pdf>

Malingre, Marie-Laure et Serres, Alexandre,《Une culture informationnelle commune aux doctorants ? Le pari de Form@ doct》, *in* Denecker, Claire et Durand-Barthez, Manuel (dir.), *La formation des doctorants à l'information scientifique et technique*, Villeurbanne, Presses de l'ENSSIB, 2011, p. 53-67.

Papi, Cathia,《Des référentiels à la validation des

compétences numériques: questionnements et dispositifs》，*Questions Vives* [en ligne], volume 7, no 17, 2012. Disponible sur:<http://questionsvives.revues.org/986>

Schafer, Valérie (dir.), *Information et communication scientifiques à l'heure du numérique*, Paris, CNRS Éditions, 2014, coll. 《Les Essentiels d'Hermès》.

Serres, Alexandre, 《Un exemple de translittératie: l'évaluation de l'information》, *Les e-dossiers de l'audiovisuel*, INA, janvier 2012, l'éducation aux cultures de l'information. Disponible sur: < http://www.ina-expert.com/e-dossier-del-audiovisuel-l-education-aux-cultures-de-l-information/un-exemple-de-translitteratie-l-evaluation-de-l-information- surinternet.html>

Simonnot, Brigitte, 《Culture informationnelle, culture numérique: au-delà de l'utilitaire》, *Cahiers du numérique*, vol. 5, n° 3, septembre 2009, p. 25-37.

Thomas, Sue et al., 《Transliteracy: Crossing divides》, *First Monday* [en ligne], volume 12, no 12, 3 décembre 2007.

Disponible sur:<http://www.uic.edu/htbin/cgiwrap/bin/ojs/index.php/fm/article/view/2060/1908>

通过科学出版物
一窥法国信息素养

朱玛娜·布斯塔尼

编者按

首次发表

"信息素养*"(IL)这个概念在1974年由保罗·祖尔考斯基(Paul Zurkowski)首次提出。当时这一概念的定义并不是很清晰(Behrens,1993)。后来,美国图书馆协会的研究给出了一个人们普遍认可的定义:"能够敏锐地捕捉信息需求、找到适合的信息并评估和利用信息。"(ACRL,1989)。在法国,这个概念还没有被完全接受,而且"信息素养"一词的法语翻译有很多种。因此,为了表述的准确性,我们在这篇论文里保留了信息素养的英文形式,即"information literacy"。

通过对文献的分析,我们将描述信息素养在

法国的演变，指出这一领域的发展趋势和存在的争论，最后提出我们的观点。我们为此列出了汇集了约630篇出版物的文献目录，包括科学文章、实验报告、作品章节、网站文章、学术论文、博士论文。为了完成这个文献目录，我们访问了几个数据库（Cairn，Sudoc等），以及专业期刊网站、学术文献开放网站和谷歌学术搜索网站，并搜索了以下关键词：maîtrise de l'information（掌握信息*）、culture de l'information（信息文化*）、culture informationnelle（信息的文化*）。

从科技信息（IST）到全媒体素养*

从20世纪70年代起，法国开始实行有利于科技信息发展的积极政策，并于1973年成立国家科学技术信息局（BNIST），负责"制定和推广国家信息政策"（Bretelle-Desmazières，1998，p.132）。1977年，该机构通过招标的方式为综合性大学和高等教育学院里的信息教育提供资金。在此之前，已经有人写了十几篇文章，描述文献搜索教育的发展经历。

科技信息的黄金时期（1977—1984 年）

在技术方面，1979 年，法国出现了 Télésystème-Questel（前身为 Télésystèmes）等数据库服务器，以及全国分组交换传输网 Transpac。在机构方面，1979 年，法国成立了由总理领导的科技信息部际委员会（MIDIST），它的成立取代了隶属于法国工业部的国家科技信息局。新成立的科技信息部际委员会负责建设数据库，并通过教育来推广这个数据库。

1982 年，科技信息培训与推广大区团体（URFIST）成立，该团体旨在向高校和学界以及使用信息的人群推广科技信息，包括图书馆和文献机构职工、研究人员、教师、大学生（Lefort，1987，p.23）。在法国科技信息部际委员会的指导下，大学里的科技信息培训逐渐增多。可以说，科技信息在这个阶段飞速发展。同时需要指出的是，在这一时期，信息主要是企业的特权，因为接入数据库的费用对于个人来说非常昂贵。

1984 年 1 月 26 日，法国教育部在高等教育改革的框架下颁布了萨瓦里法（Loi Savary）①。于2000年被废除的第4条明确了大学的四个任务，其中就包括"传播文化和科技信息"。因此，"了解和使用信息技术和工具不再是设计、创建、运营信息系统的专家群体的专有活动，在这之后，获取信息成为所有人培训和自学过程的核心内容。"（Bretelle-Desmazières et Rozensztroch，1998，p. 4）。在这一时期，政府依靠法国高等教育学院联盟来帮助教师和大学生培养信息素养。有几篇文章介绍了这些经历。

信息社会的突现和公共资助的减少
(1985—2000年)

新的计算机工具方便人们接触信息。然而，与之相矛盾的是，公权部门却从1985年开始退出科技信息领域。让·米歇尔（Jean Michel，1990，p. 200）揭露了这一现实："人们需要刻不容缓地反思国家政策在信息和文献方面的缺失，以及由此导致的对某些高效工具和机构的'破坏性'后

---

① 1984年1月26日颁布的关于高等教育的第84—52号法案，参见：http://goo.gl/B2P2q5。

果。"与此同时,大学里的科技信息教学活动在增多。《资料员—信息科学》期刊和《法国图书馆简报》中关于教学实践和分析信息使用者和专业人士教学成果的文章也多了起来。

1992年,信息被视为一门科学。"科学和技术新知识的构建和新学科的建立使大学逐渐引入新的教学。科技信息(IST)也是如此,它成为信息科学(当时还叫作信息传播科学)的研究对象。信息科学逐渐成为一个学科并于20世纪60年代在美国出现。"(Le Coadic et Bretelle-Desmazières, 1992, p.137)。

信息社会的崛起

从1995年起,网络的发展和微型计算机的普及使信息在职场层面和个人层面得到了广泛使用。大众更容易接触到信息,也需要掌握一定的信息。关于信息培训的需求也随之增多。1997年,法国教育科技部出台了全国性措施,用于科技信息培训(FORMIST),目标是使接受高等教育的公众能够独立使用学科信息,使培训教师能够开展科学和技术监测活动、撰写并出版教学材料(Colas, 1998, p. 28),这个机制于1999年启动。

信息文化

相关协会很清楚信息社会的需求，在信息教育推广中发挥了决定性的作用。资料员、图书馆管理员、图书馆馆长和文献档案员（ABCD）联合协会在1996年围绕信息文化发表了一则声明。该声明"建议尽快组建一个信息文化高等委员会，负责加强和深化对信息文化的深度思考，引起不同监督机构、公共和个人决策者的关注，促进信息文化的发展"（ABCD，1996）。该声明为高等委员会制定了18项任务，致力于推动信息文化在法国的发展。

在高等教育方面，普通大学学业文凭（DEUG）改革[①]期间引入"大学学习方法"（MTU）的教学单元，在所有大学本科的第一个学期授课（见第6篇论文）。根据这一时期的反馈，由于缺少资金，最后只有几所大学落实了这一教学单元的相关工作。

21世纪：信息素养的复兴

2000年起，多项活动为"信息素养"一词的

---

① 1997年4月9日颁布的关于普通高校学业文凭和硕士学位的法令，参见：http://goo.gl/7LLmRB。

复兴提供了基础：

——从 2001 年到 2012 年，科学和技术信息培训计划（FORMIST）[①] 每年都把培训教师召集在一起，就信息教育的话题进行交流[②]。

——2003 年的全国专题会议总结了与会者的问题和疑惑，评估信息实践和文献使用增多的现象，并提出了行动前景和对新思考的期待（Losfeld，2003）。2003 年的全国会议还成立了"教育技术研究小组"（ERTé）（Fructus，2010）。这个小组在 2008 年组织了一场关于"信息文化和文献履历"的重要的研讨会。

——相关协会、社团组织的各类活动。如全国文献教师联合会（FADBEN）大会，以及信息和文献专业人员社团（ADBS）的学习日活动。

这些活动和培训促使相关领域学术出版物有所增加。根据作者的文献目录绘制的图 1 显示了每年的出版物的数量。可以看出，信息素养成了一个非常受关注的研究对象。

1970 年至 1996 年，发表的论文共 94 篇，每

---

① 该会议的日程参见：http://goo.gl/bjFbzi。
② 关于 FORMIST 会议仅有书面资料，无演示材料及音频材料。

信息文化

图 1　年出版量

年发表的论文数从未超过 10 篇。1997 年起，曲线开始上升。发表于 1997 年至 2002 年间的论文达到 86 篇，几乎是之前 16 年出版物的总和。专题会议召开之后，出版物的数量呈指数级增长，10 年内共发表 457 篇。一些峰值的出现与期刊特刊的出版或某项活动（学习日或者研讨会）有关。

法国的信息素养现状如何？

尽管信息素养获得了新生，但仍不能说法国已经建立了信息文化的研究领域。的确，无论在个人生活还是在职场中，信息的重要性都在与日俱增。赛尔（Serres，2008）写道："今天，信息文化的研究领域正在形成中。"阿拉瓦和埃特维（Alava et Etévé，1999）提到，对他们来说，"……文献作为研究对象，还没有清晰的定义。在法国，文献处于法国国家大学理事会（CNU）的两个学科部门之间的交叉地带，这两个学科都是大学领域内较新的学科，分别是教育科学（1967年创立）和信息传播科学（1975年创立）。无论并入哪边，对文献的研究都涉及交叉学科的实践、产品和步骤"。

我们也可以通过不同时期人们所使用的表述来把握该研究领域的动向。20世纪70年代起，"文献教育*"或"资料教育"被用于指代当时的信息素养教育。

20世纪80年代，重点从科技信息（IST）转移到了信息素养上。勒富尔（Lefort，1987，p.31）认为："科技信息教育并不局限于查询和使用文献。特别是在面对科学和技术内容的时候，科技信息教育就扩展到了传播学和信息传播的范畴。"

1993年，在以"尝试定义信息概念"为主题的高中和初中文献人员协会第三次大会上，克劳德·巴勒兹（Claude Baltz）提出了 culture informationnelle（信息的文化）一词。为了避免产生矛盾，让·米歇尔（Jean Michel，1997b）建议使用 infoculture（信息文化）一词，意指"一个新的文化组成部分。新的数字技术使获取信息的手段大大增多，这是信息文化的基础。它需要积极参与宣传和教育，帮助人们掌握信息文化的各方面内容并知晓种种后果。信息文化（infoculture）应帮助所有人成为信息社会的公民"。

在21世纪的第一个十年中，我们在文献中发现，有学者试图找到一个和"信息素养"对应的法语表达。亚历山大·赛尔（Alexandre Serres，2008，p. 3）写道："我们给出了下列翻译结果：一方面，我们用 maîtrise de l'information（掌握信息）一词作为信息素养（information literacy）在法语中的常见翻译；另一方面，为了平息不同术语之间的纷争，我们把 culture informationnelle（信息的文化）定义为一个正在出现的新主题，其重要性甚至超过信息素养的重要性"。

近几年，加拿大学者还提出了 litératie informationnelle（信息素养）、litératie médiatique

（媒介素养）、translitératie（全媒体素养）等术语。2010年到2020年这十年会不会像里克特、德拉莫特和夏普隆（Liquète，Delamotte et Chapron，2012）在《传播研究》期刊引言里提到的那样，是表述趋同的十年？现在给出肯定的答案还为时过早。但是，在文献中，我们发现这样的端倪已经显露了。

奥利维·勒德夫（Olivier Le Deuff，2012）认为，littératie（素养*）的概念是从英美国家引入的，该词是由加拿大魁北克的学者转写成法语形式的。迪维纳·弗洛-梅格斯（Divina Frau-Meigs，2012，p. 18）认为，"translittératie（全媒体素养）这个新词尽管不那么令人满意，但是也达到了基本的使用要求，因为它囊括了对信息、媒体和数字三要素的掌握，涵盖了教育（如法语中的"媒体教育*"）、扫盲（如英语中的 media literacy "媒体素养"）的概念，注意到了该现象的抽象和实用两个层面。"

信息文化

信息素养是不是一个学科？

我们希望列一下法国国内关于信息素养领域的不同讨论。这份清单是不完整的，而且各项内容的排列是无逻辑的。我们在文献里看到很多反映同一主题的描述信息素养的词语：culture de l'information（信息文化）、culture informationnelle（信息的文化）、cyberculture（网络文化）、éducation à l'information（信息教育）、formation des étudiants（大学生培训）、formation des usagers（使用者培训）、formation à l'information（信息培训），information scientifique et technique（科技信息）、intelligence informationnelle（信息智力*）、littéracie informationnelle（信息素养*）、maîtrise de l'information（掌握信息）、méthodologie documentaire（文献方法论）、translitératie informationnelle（信息全媒体素养），等等。

如此多的词语汇集了几个常见的问题：目标、教育内容和课程设置，以及一个重要的背景问题——信息素养是不是一个学科？很多人的回答是肯定的。首先，资料员、图书馆管理员、图书馆馆长和文献档案员联合协会（ABCD）"认为法国应该认真思考信息文化以及国民信息文化教育的问题"。其次是薇薇安·库兹尼（Viviane Couzinet，2008）的研究报告。亚历山大·赛尔认为，"信息文化教育应该注重思考，或者说理解对信息工具和网络知识的掌握。……单从信息—文献领域来说，我们不少人，尤其是信息文化和教学法研究组（GRCDI）的一些成员，认为其中应当有值得传播、教授的内容，有教学法的内容，以及信息素养未来可能会成为一门学科"（Serres，2009）。最后还应提到埃里克·布吕亚尔（Éric Bruillard，2011）。另一些研究者把信息文化看作一门元学科（métadiscipline），"然而，承认其学科属性意味着放弃把它视为元学科的愿望，以及与其相伴的根本目标，也意味着信息—文献只能成为某类知识的入门工具"（Chante et De Lavergne，2010，p. 11）。但是，我们和克劳德·巴勒兹（Claude Baltz，1998，p. 77）一样，相信"信息的文化（culture informationnelle）首先优于信息文化（culture de l'information）……"我们虽然反对之前的说法，尤其反对那些认为信息的文化比信息素养覆盖范围更大的作者，但依然认为信息的文化是信息素养最好的同义词。实际上，我们有没有可能抛开信息的文化不谈，而只具备美国图书馆协会所定义的信息能力，满足于基本的实践呢？如果说这个主题和信息科学有联系，鉴于它使用到信息科技和信息理论，那么，把这个主题限制在这个领域内是不是太过简化了呢？

众所周知，信息的文化是一系列人们需要掌握的能力，在法国和全世界大量发表的能力参考体系都证明了这一点。出版物里提到的各种主题让我们发现，信息的文化在严厉质疑法国教育体系中各级各类学校的学科划分。在跨学科成为趋势的今天，认为信息的文化是一个独立的科学学科合理吗？信息的文化难道不应该是与文理各科互动频繁的跨学科吗？

本文参考文献：

ABCD,《Manifeste ABCD pour une culture de l'information》, *Documentaliste-Sciences de l'information*, volume 33, n° 4-5, 1996, p. 222-223.

Disponible sur:<http://www.adbs.fr/manifeste-abcd-

pour-laculture-de-l-information-13633. htm? RH = AC-CUEIL>

ACRL,*Presidential Committee on Information Literacy*, rapport final, Washington, janvier 1989.

Disponible sur: < http://www. ala. org/acrl/publications/whitepapers/presidential>

Alava, Séraphin et Etévé, Christiane, ‹Médiation documentaire et éducation: note de synthèse›, *Revue Française de pédagogie*, n° 127, 1989, p. 119-164.

Baltz, Claude, ‹ Une culture pour la société de l'information, position théorique, définition, enjeux›, *Documentaliste-Sciences de l'information*, volume 35, n° 2, 1998, p. 75-82.

Disponible sur: < http://www. adbs. fr/une-culture-pour-la-societede-l-information-position-theorique-definition-enjeux-13454.htm? RH=REVUE>

Baltz, Claude,‹vers une culture informationnelle›, *Le Concept d'information: essai de définition*, Actes du troisième Congrès de l'Association des documentalistes des lycées et collèges, Paris, Nathan, 1993.

Behrens, Shirley J.,‹A Conceptual Analysis and Historical Overview of Information Literacy›, *College and Research Libraries*, volume 55, n° 4, 1994, p. 309-322. Disponible sur: < http://crl.acrl.org/content/55/4/309.full.pdf+html>

Bretelle-Desmazieres, Danielle,《Aperçu des caractéristiques des formations à l'usage de l'information dans l'enseignement supérieur français》, *Éducation et francophonie*, volume 26, n° 2, 1998, p. 129-142. Disponible sur: < http://www.acelf.ca/c/revue/pdf/11-BRETELLE_vf.pdf>

Bretelle-Desmazieres, Danielle,《l'information au cœur des formations d'ingénieurs, *European Journal of Engineering Education*, volume 12, n° 2, 1987a, p. 139-146.

Bretelle-Desmazieres, Danielle (dir.), *S' informer pour se former et pour agir : relations d' expériences réalisées dans les grandes écoles*, ministère de la Recherche et de l'Enseignement supérieur, Conférence des grandes écoles, Paris, La Documentation française, 1987b.

Bretelle-Desmazieres, Danielle et Rozensztroch, Claudine,《La formation à l'information scientifique et technique dans l'enseignement supérieur français : dix années d'actions concertées dans les grandes écoles》, in Bretelle-Desmazieres, Danielle, Rozensztroch, Claudine et Tosello-Bancal, Jean-Émile (dir.), *l'information scientifique et technique dans l'enseignement supérieur*, actes du colloque

15-16 *décembre* 1988, Paris, Conférence des grandes écoles, 1988.

Bruillard, Éric, ‹Quelles bases pour une discipline scolaire information- documentation ?›, *Mediadoc*, n° 6, avril 2011, p. 8-11. Disponible sur: < http://www.stef.ens-cachan.fr/annur/bruillard/EB_mediadoc_2011.pdf>

Chante, Alain et De Lavergne, Catherine, ‹l'expression "culture de l'information": quelle pertinence, quels enjeux›, *in* Chapron, Françoise et Delamotte, Éric (dir.), *l'éducation à la culture informationnelle. Actes du colloque international de l'ERTé*, Lille 2008, Lyon, Presses de l'ENSSIB, 2010, p. 10-18.

Colas, Alain, ‹La formation à l'usage de l'information dans l'enseignement supérieur›, *Bulletin des bibliothèques de France*, volume 44, n° 1, 1998, p. 24-29. Disponible sur: < http://bbf.enssib.fr/consulter/bbf-1999-01-0024-003>

Couzinet, Viviane, ‹Représenter, répertorier, transmettre: formes d'institutionnalisation d'une discipline›, *in* Marteleto, Regina Maria et Tiesen, Icléia (dir.), *Médiations et usages des savoirs et de l'information: un dialogue France-Brésil*, actes du 1er colloque du réseau MUSSI, Rio de Janeiro, 2008, p. 63-81.

Frau-Meigs, Divina,《La radicalité de la culture de l'information à l'ère cybériste》, *Les e-dossiers de l'audiovisuel*, INA, janvier 2012. Disponible sur: <http://www.ina-sup.com/ressources/dossiersde-laudiovisuel/les-e-dossiers-de-laudiovisuel/laradicalite-dela-culture-de-1%E2%80%99>

Frau-Meigs, Divina,《La radicalité de la culture de l'information à l'ère cybériste, E-dossier de l'audiovisuel: l'éducation aux cultures de l'information》, INA, 2012, p. 1-24. Disponible sur: <http://www.ina-expert.com/e-dossier-del-audiovisuel-l-education-aux-cultures-de-l-information/laradicalite-de-la-culture-de-l-information-a-l-ere-cyberiste.html>

Fructus, Isabelle,《De l'enseignement secondaire à l'enseignement supérieur: s'approprier une culture de l'information》, *Les Cahiers d'Esquisse*, n° 1, janvier 2010. Disponible sur: <http://fr.calameo.com/read/00017502177c37b07c0d0>

Le Coadic, Yves-François et Bretelle-Desmazières Danièle,《l'enseignement de l'information scientifique et technique en chimie》, *La vie des sciences*, volume 9, n° 2, 1992, p. 137-142.

Le Deuff, Olivier,《Littératies informationnelles,

médiatiques et numériques: de la concurrence à la convergence ?», *Études de communication*, n° 38, 2012, p. 131-147.

Lefort, Geneviève, «Apprendre à s'informer: naissance et développement d'une formation nouvelle», in Bretelle-Desmazieres, Danielle (dir.), *S'informer pour se former et pour agir: relations d'expériences réalisées dans les grandes écoles*, ministère de la Recherche et de l'Enseignement supérieur, Conférence des grandes écoles, Paris, La Documentation française, 1987, p. 21-37.

Liquète, Vincent, Delamotte, Éric et Chapron, Françoise, «Introduction», *Études de communication*, n°38, l'éducation à l'information, aux TIC et aux médias: le temps de la convergence ?, 2012, p. 9-22.

Disponible sur:<http://edc.revues.org/3375>

Losfeld, Gérard, «Conclusion générale des Assises nationales pour l'éducation à l'information», *Assises nationales Éducation à l'information et à la documentation. Clés pour la réussite, de la maternelle à l'université*, 11-12 mars 2003.

Disponible sur: < http://urfist.enc.sorbonne.fr/anciensite/Assises/Ass-Losfeld.htm>

Michel, Jean,«De la créativité en documentation Autres

perspectives pour la formation》,*Bulletin des bibliothèques de France*,n° 3,1990,p. 193-201.

Disponible sur:＜http://bbf. enssib. fr/consulter/bbf-1990-03-0193-002＞

Michel,Jean,《La formation documentaire: un enjeu pour le troisième millénaire》,*La bibliothèque,partenaire du projet pédagogique. Ateliers francophones sur la formation documentaire*,Gembloux,13-15 octobre,1997a,p. 17-26.

Disponible sur:＜http://michel. jean. free. fr/publi/JM303.html＞

Michel,Jean,《Une politique et des partenariats pour le développement de l'infoculture》,Colloque INFOethics,Monte-Carlo,Monaco,10-12 mars 1997,The International Information and Library Review,volume 29,no 3-4,septembre-décembre 1997,(1997b),p. 465-478.

Disponible sur:＜http://michel. jean. free. fr/publi/JM290.htm＞

Panijel,Claire,《La formation documentaire dans l'enseignement supérieur en France》,*in* Laverdière,Richard et Fedrigo,Claudio,*La formation documentaire. Actes du colloque de l'ABCDEF*,Université Laval,Québec,21-23 octobre 1995,Montréal,AUPELF-UREF,

1998, p. 95-108.

Salaün, Jean michel, «La fin de l'IST ?», *Histoire des politiques publiques françaises en information scientifique et technique*, rapport de recherche Centre d'études et de recherches en sciences de l'information, CERSI, Juillet 1991.

Disponible sur: <http://www.enssib.fr/bibliotheque-numerique/documents/1378-la-fin-de-l-ist-histoire-des-politiques-publiquesfrancaises-en-information-scientifique-et-technique.pdf>

Serres, Alexandre, «La culture informationnelle», *in* Papy, Fabrice (dir.), *Problématiques émergentes dans les sciences de l'information*, Paris, Hermès Lavoisier, 2008, p. 137-160.

Serres, Alexandre, «Une certaine vision de la culture informationnelle», en ligne sur *Slhole.fr : penser et repenser l'école*, 2009.

Disponible sur: <http://skhole.fr/une-certaine-vision-de-la-culture-informationnelle>

Zurkowski, Paul G., *The Information Service Environment Relationship and Priorities*, National Commission on Libraries and Information Science, Washington, D.C., National Program for Library and Information Services, 1974.

信息文化

信息跨文化：信息的多文化特性

莫妮卡·马洛温

编者按

首次发表

从历史的观点看，"信息文化*"应当和"信息的读写能力"（英语里是"信息素养*"）联系起来，并归入近几年快速发展的信息传播科学（SIC）领域的问题和研究之中。有信息素养者（information literate）一词由祖尔考斯基（Zurkowski, 1974）率先提出，指所有具有和使用适当的能力和技术来解决信息问题的个人。有信息素养者具备了融入建立在知识和技能基础上的知识社会*的基本知识。

信息素养的概念有三大源头：经济、图书馆、公民（Serres, 2007; Le Deuff, 2009）。第一个源头涉及经济头脑和经济智力，第二个源头指面向未来的技能获得，第三个源头是民主生活所必需的元素。在企业信息文化意义上，信息文化和经济智力、区域智力是相近的，而在图书馆领域，信息文化致力于训练用户使用资源的能力，提高人们的信息素养*。对于教育信息领域，信息文化则具有一层教学和文献的意义。

信息文化和实践领域

信息素养首先在教育领域获得认可并得到应用。学校开办了实习班和课程，让学习者获得学业和未来职业生涯取得成功所必需的信息习惯和信息能力。为了改善教学活动的内容，许多研究人员试图找出新方法，开发新课程，以应对信息泛滥的挑战。此外，在组织领域，更应该讲"信息智力"。这是一种"组织方面的集体智力"——有效调动文本文化、超文本文化、视听和超媒体文化、计算机文化（计算机素养）、媒体文化（媒体素养）、网络文化来达成组织的目标。这些能力因此成了经济智力这个概念的核心内容（Bruté de Rémur, 2008; Moinet et Marcon, 2011）。即便对这些知识和技能的要求因领域（教育领域、组织领域、社会领域）的不同而不同，但它们彼此类似的联系和逻辑让信息传播科学的研究者经常讨论个人和信息在前三个不同领域中从真实到虚拟的互动变化这一问题。

如果读写能力、信息文化、信息智力这些概念之间的细微差别可以根据各自的内容和步骤来区分，它们之间很强的相似性最终还是能把这三者统一起来。这种相似性就是教育动力、职业动力和社会动力。按照这个描述逻辑，在最广的意义上，我们可以把信息的读写能力定义为使用信息的能力；把信息文化定义为个人能力的充分发展和终身学习；信息智力则定义为信息对做出组织决定有多大帮助。不过，在概念之间画面特别明晰的界线和跨学科的视角是相悖的。所以，本文所做的区分仅用于分析用途，最终的目的还是把信息的读写能力*、信息文化和信息智力纳入一个元概念中，这个元概念就是信息跨文化。

信息跨文化：信息的多文化特性

反映世界多样性的信息文化

我们再换一个角度，从全世界的范围来讲，信息无处不在，人们使用信息的方式也很多。当西方社会担心和质疑诸如大数据、电子欺诈或个人信息保护等问题的时候，我们不能忽略 2014 年还有三分之二的世界人口接触不到网络。因此，和西方社会相比，这些个人和集体的信息现状是很不同的，并且这一现象至少仍将持续一段时间。尽管出现了例如一百美元电脑、每个孩子一台笔记本电脑（One Laptop Per Child）[1] 和谷歌球（Loon）[2] 等雄心勃勃的计划，但人们必须承认的是，世界范围内的信息获取状况并不平衡。

不同区域和领域的信息能力嵌入度不同，因此具有不同的文化特征。信息文化也是保证组织和日常生活良好运转的通用能力，因为信息文化已经成为国家能力、团体能力和个人能力的源泉，

---

[1] 参见：http://one.laptop.org/。
[2] 参见：http://www.google.com/loon/。

以及人们交流、预测和沟通的工具。这些能力源泉和工具需要时间来发展和变得成熟。

因此,我们在思考信息能力的时候,应该根据世界上不同的地缘文化,考虑信息能力被应用的区域和实施范围。比如,在"法国-拉丁"区域,信息文化是用复数形式表示的。它包括了信息和传播——信息传播科学(SIC),以及其他很多分支。但是,从根本上说,信息文化科学源于对两方面深度联系的认识,一方面是被视为过程、目标、载体、活动、消息的信息,另一方面是被视为社会发展动力和黏合剂的传播。

我们如果分析英美区域中信息文化科学的表现,会发现信息传播科学的核心概念是分割开来的。这形成了两种不同的科学:信息科学(SI)和传播科学(SC)。二者在课程教学中的联系不多:信息学的学士和硕士将成为档案员、图书馆管理员、文献员,而传播科学则培养记者、公关人员、广告人员。虽然两个领域的研究和从业人员都认为,他们工作的核心都是信息和沟通,但他们的研究方法在很多方面都是不同的。比如,信息科学的研究和从业人员会从描述所有知识的分类系统入手,而传播科学的研究和从业人员会从组织（政治、行业等）推广活动的传播方案入手，并且会考虑与活动成功相关的因素和目标人群。

无论是信息科学还是传播科学，这些宏伟目标通常都难以实现，因为概念、行为、信息和传播现象相互交织，涉及这一过程的人员、社会、文化因素至关重要。这也是对申农模式（1948）的关键性的批评：以上划分会导致在一个信息传播中，信息从发出者通过信道传播给接收者的过程中，可能会因为共同社会文化惯例的缺失而传播失败（Mattelart，2003；Jeanneret et de Vecchi，2005）。一个行动或者项目的成功取决于但不仅仅取决于科技进步所带来的信息生产的大众化。这一大众化让更多的人进入了网络 2.0 时代，但并不代表许多信息生产者掌握了一套"语法规则"或元能力*（Liquète，2012）。"语法规则"或元能力体系是"说"一门信息社会语言和掌握信息社会*的规则所必不可少的。

上述不同学派之间进行对话似乎很困难，但它们之间的关系实际上也并非水火不容，因为各派都提出了深入的认识论方面的意见。笛卡尔认识论应当让位于一种新的观察世界的方式，并且和那些影响现实与生活的互动相匹配。在这一点上，我们要提到英美世界信息科学最重要的声音之一玛西娅·J. 巴茨（Marcia J. Bates）最近的论述。① 在和我们的交流中，她对（欧洲法国拉丁文化和英美文化）两种文化在传播中形成的差异，以及人们在可预见的未来克服这些差异所面临的困难表示遗憾。②

当今全球的信息传播比任何时期的都要自由，但在西方，要统一信息传播科学和信息科学的认识依然困难。这也是为什么在理解东方和西方所用的原则方面存在很大困难。在东方，研究信息和传播的出发点是它们在集体中长期扮演的角色（Marcon et Moinet，2011），而西方的研究则突出短期的个人主义，追求成绩和竞争。然而，兴趣和实践小组的出现，以及大量数字社交网络的出现是社会活力在虚拟世界的一种反映。我们不能忽视这种现象，还需要研究它所带来的深刻影响。

---

① 巴茨是加州大学洛杉矶分校教育与信息研究生院的信息学教授。参见：http://pages.gseis.ucla.edu/faculty/bates/。
② 2013年11月1日至6日，蒙特利尔信息科学与技术协会第76届年会上的讨论。

信息跨文化：信息的多文化特性

深刻变化与新逻辑

　　信息传播科学的某些研究以建构主义的认识论为基础。这些研究认为，现实的知识是人类思想建构的，而不是对现实的精准反映（Floridi, 2011）。因此，可以认为，每个人都在建构自己的知识和现实。根据物理学和天体物理学研究的最新进展，接受这种认识论背后的大量知识和现实，也就意味着接受了无限数量的观点、立场，以及有待发现的许多其他的领域和世界。在对微观或宏观社会的探索以及对微观或宏观宇宙的探索中，涌现出充满活力、能量以及人们意想不到的新逻辑、新特征。

　　因此，承认其他维度的存在将产生新的模型，以及获取、传输和存储信息的新方式。新范式的出现将对现有系统产生决定性影响，并将不可避免地摆脱当前方法的束缚。举例来说，数字世界整体上是建立在二进制系统上的［0和1，计算机科学的构建就是靠识别打开（on）和关闭（off）两个状态进行的］。而量子物理学表明，由于新的状态或维度的存在（不排除第三方的存在），传统的分类会发生变化。① 信息环境的深刻变化才刚刚开始，所有人都在从友善的信息环境中汲取资源。② 我们只是刚开始看到信息操纵和控制方面的改变，所以有必要对目前研究信息和传播科学的原则和路径重新加以深入思考，改变几个世纪以来僵化的分类方式和观念。之前一套僵化的分类方法让普通使用者很难适应这种可能是人类历史上最重大的变化——信息变化。

这一变化（或不断发展的程式）只有通过"跨学科"这种对广义领域的感知才能实现（Freitas, Morin et Nicolescu, 1994）。跨学科建立在三大原理之上：本体论原理，它承认不同水平之间的基质和感知；逻辑原理（包括第三方），保证这些不同水平间基质和感知的转换；复杂原理，承认各个水平层次间关系的复杂性、相关性和共时性。这三个原理产生了三种可能性：1. 超越传统的描述限定（指在知识组织中要实施的计划、规

---

① 参见薛定谔方程，它表明一个粒子的存在状态可以多于两种经典状态（A/B、有生命/无生命、真实/非真实）。
② 谷歌的座右铭是"不作恶"。

定、政策和标准）；2. 接受第三方事物的存在，接受社会和文化方面的规则的存在。这和来源于传播理论的、有局限性的技术机械的二元逻辑相反。3. 把思想从所有枷锁里解放出来，以理解因果系统的相关性，即一切生态的因果关系都是系统性的和对话性的。

信息跨文化

根据这些认识，信息跨文化体现了跨学科的特点，反映了信息和沟通在人类所有活动领域中的交织（Mallowan，2012）。信息跨文化让所有人掌握信息沟通这种新的社会语言的基本规则，让所有人都能够"说"这种语言。这种新语言的词汇和语法应该考虑到可持续性原则，比如可及性、一致性、效率和公共利益。

培养全媒体素养*可以被视为20世纪的一次扫盲，但这种素养是具有功能性的。这样的特性让全媒体素养成了新的个人大众文化出现的基础。当我们把这些个人层面的文化叠加起来，再加上全媒体素养内容和形式之间、概念和目的之间审慎的平衡（Floridi，2011），这些新出现的个人文化就共同组建了一种集体文化。在社会向前发展的过程中，这会减少个人和集体信息文盲问题的出现。无论在个人或个人相关层面，还是在团体协会、机构或公司层面上，每个人都可以得到充分发展，这也将激发集体财富的产生。虽然这可能不会排除在信息获取上不同权利形式的存在，但是会缩小信息富人和信息穷人之间的鸿沟，缩小数字原住民和数字移民的鸿沟，无论他们住在何处，说什么语言，有怎样的经济地位。

信息跨文化也具有信息的多文化的特征。这种多文化的特征体现在两个方面，一方面是拥有信息素养所必需的多种能力和终身学习，另一方面是多样的信息文化，例如教育领域、企业经营领域和社会领域对信息文化给出了不同定义。另外，信息跨文化植根于一种横向的科学——"信息元科学"。它的概念、理论和方法都是其他科学和学科不可分割的组成部分，也是这些科学和学科的"部分、体系和条件"（Otten Debons，1970；Doucette，2011）（见图1）。

这门新的科学体现了一种范式变化，其变化的紧迫性适应了信息环境快速发展的需要。它超

信息跨文化：信息的多文化特性

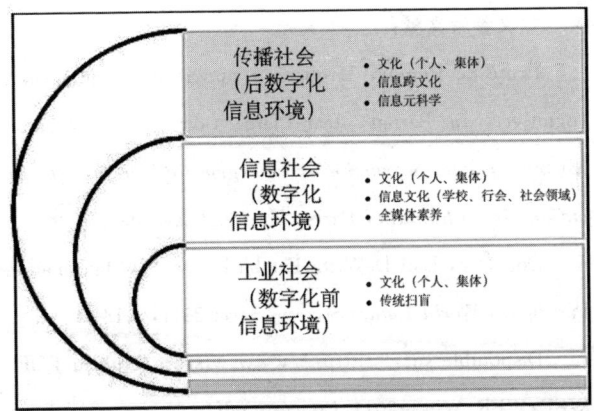

图1 信息和文化（Mallowan，2012）

越了现行的规定性的方法，试图为广大网络用户创建一种不那么枯燥无味的，而且更具可及性的信息语法（毕竟在上学时曾喜爱过或者还喜爱着语法的人过去不多，现在也不多）。弗洛里迪式的形而上学（Floridi，2011）认为，人类不仅仅是知识的使用者，还是知识的创造者，信息的元科学也受到这种观念的影响，而超越了现行的学科分类，并像生命科学那样，引出一个庞大的研究领域以及种种研究信息与传播的新方式。

本文参考文献：

Bruté de Rémur, Damien, 《l'apport de la dimension cognitive》, in Bernat, Jean-Pierre (dir.), *l'intelligence économique : co-construction et émergence d'une discipline via un réseau humain*, Paris, Hermès/Lavoisier, 2008.

Doucette, Dail DeWitt, 《Establishing a New Information Paradigm》, *World Future Society*, hiver 2011, p.18-24. Disponible sur: <http://www.wfs.org/Upload/PDF-WFR/WFR_Winter2011_Doucette.pdf>

Floridi, Luciano, 《A Defence of Constructionism: Philosophy as Conceptual Engineering》, *Metaphilosophy*, volume 42, n° 3, 2011, p. 282-304.

Freitas (de), Lima, Morin, Edgar et Nicolescu, Basarab, 《Charte de la transdisciplinarité》, *First World Congress of Trandisciplinarity*, Convento da Arrábida, Portugal, 1994. Disponible sur: <http://ciret-transdisciplinarity.org/chart.php>

Jeanneret, Yves et Vecchi (de), Dardo, 《Information》, *La société de l'information : glossaire critique*, Paris, La Documentation française, 2005.

Disponible sur: <http://www.diplomatie.gouv.fr/fr/IMG/pdf/Glossaire_Critique.pdf>

Le Deuff, Olivier, *La culture de l'information en reformation*, Thèse de doctorat sous la direction d'Yves Chevalier, Université Rennes 2, 2009.

Disponible sur:<http://tel.archives-ouvertes.fr/docs/00/42/19/28/PDF/theseLeDeuff.pdf>

Liquète, Vincent, ‹Can one speak of an "information transliteracy"?›, Conférence internationale *Media and Information Literacy* (MIL) *for Knowledge Societies*, Moscou, 24-28 juin 2012.

Mallowan, Monica, ‹Intelligence et transculture de l'information›, *Communication & Organisation*, n° 42, 2012, p. 27-48.

Marcon, Christian et Moinet, Nicolas, *l'intelligence économique*, Paris, Dunod, 2011. Mattelart, Armand, *Histoire de la société de l'information*, Paris, La Découverte, 2003.

Otten, Klaus et Debons, Anthony, ‹Towards a Metascience of Information›, *Journal of the American Society for Information Science* (ASIS), volume 21, n° 1, janvier-février 1970, p. 89-94.

Serres, Alexandre, ‹Information, Media, Computer Literacies: vers un espace commun de la culture informationnelle›, *Séminaire GRCDI-Didactique et culture informa-*

tionnelle : *de quoi parlons-nous* ?, URFIST de Rennes, 14 septembre 2007.

Shannon, Claude E.,《A Mathematical Theory of Communication》, *The Bell System Technical Journal*, volume 27, juillet-octobre 1948, p. 379-423 et 623-656.

Thomas, Sue et al.,《Transliteracy: Crossing Divides》, *First Monday*, volume 12, n° 12, 3 décembre 2007. Disponible sur : <http://firstmonday.org/article/view/2060/1908>

Zurkowski, Paul G., *The Information Service Environment Relationship and Priorities*, National Commission on Libraries and Information Science, Washington, D. C., National Program for Library and Information Services, 1974.

术语汇编

以下术语汇编内容由本书所有作者共同撰写,每次在书中出现均以星号(*)示意。

算法(Algorithme):由一组运算和运算规则构成的计算过程。这个过程能通过定量操作解决一个问题。因此,算法能够通过一门编程语言、一个或一组电脑程序执行翻译。

认知伪像(Artefact cognitif):分布式认知*理论中使用的一个概念。分布式认知理论认为,人类的认知活动在个人、群体、他们所处的环境和环境中的物品中分散地存在着。唐纳德·诺曼在他的《认知伪像》一文里[①]给出了这样的定义："认知伪像是一种用于保存、展示和处理信息的人造工具,具有示意功能。它可以提高我们的认知能力。"所以,认知伪像是一种编码化的,同时又是可被识别的媒介工具,指导个体对周围的情况作出判断并有所行动。

信息高速公路(Autoroute de l'information):这个术语的流行与20世纪90年代时任美国副总统的阿尔·戈尔密不可分,指建设一个全球网络新构架的政治目标,目的是让信息和服务流畅、迅速地传播。

(法国)教育和信息媒体联络中心(CLEMI):该中心自1983年成立以来,负责法国整个教育系统里的媒体教育,通过在全国和在学术领域开展培训等方式,鼓励相关人士在教学过程中加入各类信息技术,提高公民的媒体素养。(法国)教育和信息媒体联络中心与教师们和专业信息技术人士合作,以便实现这个目标。(法国)教育和信息

[①] Conein, B, Dodier, N. et Thévenot, L. (dir.), Les objets dans l'action De la maison au laboratoire, Paris, EHESS, 1993, p.15-34.

媒体联络中心组织的主要活动包括在学校举办报刊和媒体文化周，该活动已持续了近二十五年，帮助一万五千多所学校的几百万名学生更好地通过信息媒体了解他们置身其中的世界。

编码（Codage）：该术语源于拉丁语词codex，最初指写字板，后来指书籍。这个术语在不同的领域（法律、生物学、语言学、传播、电信、信息技术、社会学、航海等）可以有很多种不同的意思。不过，所有这些意思的共同之处是指一整套约定、规则、规定、符号、要求……因此，在语言学或信息传播科学里，编码是一套约定，这种约定定义一种语言，一系列符号，或者一套规格，它支配传播的规则。

分布式认知（Cognition distribuée）：该理论指对于有组织的社会活动的一种全面的分析方法，以在职场或学校中的信息搜索、筛选、重写和传播为基础。每个人的生活背景都受到文化的影响，都会表现出一种学习能力。这种学习能力在知识表达（内容层面）和精准的信息搜索（可及性、有效性、确切性）中得到潜移默化的体现。

情境认知（Cognition située）：在情境认知理论里，情境的背景限制和在情境中对信息的学习与使用密不可分，这意味着这种对信息的学习和使用并不一定可以移植到其他背景或文化区域中。情境认知理论主张，不应对观察和分析的内容加以过度概括。这一理论与"数字世代""数字土著""Y世代[1]"等概括式的、大众化的理论相对立。

公共知识（Communs de la connaissance）：这个概念是由埃莉诺·奥斯特罗姆（Elinor Ostrom，2009年"诺贝尔"经济学奖获得者[2]）在分析信息和获取知识途径私有化的危险性时提出的。诸如软件开源或开放数据库等趋势，体现了这一创造"公共"内容的提议。知识的治理原则应该是保障知识公共管理体系的活力和可持续性。[3]

信息能力（Compétence informationnelle）：

---

[1] "Y世代"一般指20世纪80年代和90年代出生的人。——译者注
[2] 应为瑞典中央银行纪念阿尔弗雷德·诺贝尔经济学奖。——译者注
[3] 参见：Le Crosnier, H., «Elinor Ostrom: l'inventivité sociale et la logique du partage au cœur des communs», Hermès, n°63, 2012, p. 193-198。

信息能力是信息领域的概念。我们把信息能力定义为处理复杂的信息和理解信息步骤的复杂智力活动的知识,包括找到信息(信息的查找和选择)、评估信息(批判精神)、在社会中组织和传播信息(信息的制作和传播)。

信息文化(Culture de l'information):莫妮卡·马洛温在博士论文中指出,信息文化承认信息在相关活动、载体、关系、内容等方面作为元能力的地位。这种元能力包括了思考、批判精神、高效传播、问题解决、创造能力和社交能力,让个体在纷繁的环境中通过先进的科技手段建立自己的适应能力和韧性。

信息的文化(Culture informationnelle):所有能够专业地、创造性地、负责任地运用信息的知识和能力的总和。与信息文化不同的是,信息的文化有清晰的信息和传播科学作为参考,并且需要特定的学习过程。这种学习具备技术目标(掌握如何获取信息和如何使用信息)、认知目标(掌握关于信息、计算机和媒体的知识)和批判思考目标(培养信息评估和创造所必须的思考能力)。

课程(Curriculum;复数形式为 curricula;拉丁文为 course;形容词形式为 curriculaire):该

词从美国教育实用主义哲学家约翰·杜威开始，在盎格鲁-撒克逊国家大量使用。该词指从学习者个人经历角度来看的一种课程教学组织。我们还用"隐性课程"的说法来指一些潜在的学习实践活动。在信息和传播科学领域中，文献信息课程设置逐步发展，组织学生们在学习过程中进行信息学习。

设置（Dispositif）：该词最简单的词义是对各个部分的安排，其目的较为明确，并努力达到某种效果（目标、结局等）；它基于专业人士的战略意图。一个设置永远不会独立于它所处的环境而存在。因此，一种出版产品、一种工作环境都可以被视为一种设置。期刊、数据库、工作中的数字环境都是设置中的一个构成部分。所有的设置都由稳定的、不可变更的元素组成，人们在这些元素中加入程序步骤、媒介行为以及从原来功能衍生的工具（如年鉴、文献化资源）。

注意力经济（Économie de l'attention）：建立在获取、管理和保护注意力方面的经济。注意力在认知层面和社会层面被看作财富。在一个信息超负荷、信息竞争和分裂的背景下，注意力商品化的现象随着有针对性的广告、收集个人数据和上网成瘾现象的出现而发展。这些现象在信息市场管理层面提出了新的伦理和基本政策问题。①

媒体（和信息）教育［Éducation aux médias (et à l'information, EMI)］：培养阅读、写作和熟练使用媒体信息能力的教育政策和培训方法，这包括认知层面（了解大众媒体的制作、传播和意义）、社会层面（形成批判思维、公民表达意识并认识在民主运行中媒体扮演的角色）和技术层面（掌握传播工具）。媒体教育在一个媒体聚合的背景下，超出学校和传统媒体（报刊、广播、电视）的范畴，也涉及互联网和数字社交媒体。

赋能（Empowerment）：起初这是一个由朱利安·拉帕波特（Julian Rappaport）定义的经济学概念，指获得或重新获得对日常现实掌控能力的动态过程。这种行动能力也在信息领域得到体现，尤其是2005年的《亚历山大宣言》② 定义信息素养可以"让所有社会条件的人都能查找、评

---

① 参见：Davenport, Thomas H. et Beck, John C., *The Attention Economy*, Harvard Business School Press, 2001。

② 以"信息社会在行动：信息素养与终身学习"为主题的《亚历山大宣言》指出，信息素养和终身学习是信息社会的灯塔，照亮了通向发展、繁荣和自由的道路。——译者注

价、使用和创建信息,从而使人们达到个人的、社会的、职业的和教育的目标"。赋能或"信息能力"能帮助个人融入社会和文化,优化他们在世界中的行动能力和改变世界的行动能力。

超文本(Hypertexte):线性阅读帮助人们了解一个文本的意思,而超文本属于非线性阅读。通过文件中可以点开的语义链接,读者可以根据自己的兴趣在超文本文件里完成阅读行为。

文化产业(Industrie culturelle):所有企业和组织根据产业步骤生产出来的一整套产品。这套商业产品的价值由它所象征的内容的价值来决定。文化产业汇合了一般意义上的媒体(图书、电视、广播、互联网等)以及在社会上流通的直接或间接商业化的文化内容(如数字文件、数字内容)。文化产业打开了一个关于认识和使用大众文化、多种媒体文化传播模式以及理解和内化分析文化的跨学科批判的研究领域。

培训工程(教学设计)[Ingénierie de la formation (ou Design pédagogique)]:在媒体化的传播设置中,将传播内容和意图展示并纳入实践的传媒化的步骤和过程。这个媒介化过程(媒介化传播)又重新构建了传播内容和意图,调动媒介意图接近目标、内容和技术设置。

信息能动者（Informacteur）：1990年，让-米歇尔发表《文献创造性：培训的其他视角》一文①，希望看到文献专业人士"从仅限于完成固定程序的辛勤的技术人员变为可以做出改变的'信息提供者'，甚至成为能够适应背景变化的、可以为人类和社会的信息和文献需求提供中肯而有效的答案的'信息能动者'"。25年后，这类转变正在实现。在信息嬗变中，个体在物理和虚拟信息环境中扮演着至关重要的角色。这些个体在职业活动中和/或日常私人生活中运用了前数字时代及后数字时代的信息。

信息素养（Information literacy）："信息素养"一词于20世纪70年代在美国出现。1989年，美国图书馆协会正式使用该词，并对该词做了如下定义："具备使用信息的能力，就意味着能够捕捉信息需求、找到适合的信息并评估和利用信息。"该词有多个法文译法，maîtrise de

---

① 《De la créativité en documentation：autres perspectives pour la formation》，Paris，*Bull. Bibl. France*，volume 35，n°3.

l'information（掌握信息）最为常见。

信息智力（Intelligence informationnelle/de l'information）：面对变化的世界时保持警觉的通用能力，在与周围信息环境互动中运用建构的、战略的、系统的和生态的知识的能力。信息智力对决策的过程有所助益，这样的过程既复杂又受到周围文化的影响。这样的过程通过关注有价值的信息，依靠整体的建构主义方法，来实现目标以及组织的可持续性。这种信息沟通过程是由信息能动者＊通过社会文化规则和技术手段构建的。

读写能力（Littéracie/littératie）：该词源于盎格鲁-撒克逊国家所用的 literacy，指实用层面的阅读和写作能力，即在认知活动、职场活动或日常生活的背景下运用语言创造意义的能力。在信息范畴内，信息读写能力可被定义为"具备使用信息的能力，能够确定何时需要信息并能查找、评估和使用所需要的信息"（美国图书馆协会，1989）。读写能力离不开对个体进行人文主义的、实用主义的且广泛的解放式教育，因为个体面对的信息是其能力的源泉。

掌握信息（Maîtrise de l'information）：广义上，掌握信息（或"信息的读写能力"）指人们

"以个人、社会、职业和教育为目的的查找、评估、应用和创建信息的方法"(《亚历山大宣言》,联合国教科文组织,2005)。需要特别指出的是,掌握信息是企业的前瞻过程,标准化的监控周围环境的信息程序可以使一个组织达成其工作目标。

文献媒介（Médiation documentaire）：在信息管理和文献管理领域起联结和中介作用。文献媒介既涵盖信息管理专业人士的工作活动和工作方法，又涵盖使用者与信息系统和信息—文献专业人士关系中有关文献、资源和活动影响的分析。

元能力（Métacompétence）：méta-（前缀；希腊语：之后）意为超越……，关于……，对于……，在……之上，……之外。在信息社会背景下，元数据指关于其他数据的数据，而元搜索引擎指运用其他的搜索引擎给网民的搜索提供答案的引擎。元能力则代表超越了使用某种工具或掌握某种特定方法所必需的特定能力的一般认知能力（分析问题、解决问题、做出决定的能力等）。元能力能够帮助人们培养新的能力，以及分析、使用和吸收新的知识和新的技能。

多元文化（Multiculturalisme）：多元文化指在同一社会、同一国家之中，多种文化共存。多元文化也是一种思潮、一个强调文化多样性是社会丰富性来源的学说。

文献教育（Pédagogie documentaire）：此概念在历史上与文献使用者培训相关。最初，文献教育旨在向既定的文献空间的图书馆使用者提供获取文件的方法。在 20 世纪 70 年代至 80 年代的学术界，文献教育提倡将文献作为一种教学手段，因此得到推广。20 世纪 90 年代，文献教育提出以理解复杂文献为目的的文献学习，从而再次受到重视。这个概念包括了优化文献学习的目标、框架、方式和方法。今天，文献教育的重心明显偏向围绕信息—文献领域教授内容的文献方法论。

同行评审（Peer reviewing）：字面意思是由同行来修订或者审读。同行评审指其他研究人员同时对一位研究人员的科研工作或文章进行评价。它是期刊中和研讨会上出现的科研出版物的选拔基础之一，由其他研究人员组成的评审委员会用不同的方式在文章和报告出版前对其作出评价。

（能力）参考标准［Référentiel（de compétences）］：该术语既是行政用语，也是行为用语。（能力）参考标准指组成参考标准的一系列内容。在培训和学习中，人们这样定义它："（能力）参考标准是一种社会建构,它赋予了社会系统一个清晰的行动规范或意义标准,是做出判断或分析意义的参考标准。"这个概念存在已久,并且在近四十年的教育和培训中变得尤为重要。法国有一些高等教育信息能力参考标准,最具代表性的是法国大学图书馆和文献管理人员协会(ADBU)发布的信息能力参考体系。

信息社会(Société de l'information):这一概念和后工业社会理论一起出现,它既指信息在经济、社会、文化关系中所占据的技术中心地位,也指信息获取管理的政策要求。信息社会世界高峰论坛(SMSI,2003年于日内瓦召开,2005年在突尼斯市召开)把建立信息社会作为国际政治的一个主要目标。这个术语因概念和意识形态模糊性而受到批判,原因在于,人们难以分清信息究竟是一种传播技术手段还是构建意义的社会过程。①

知识社会(Société de la connaissance):"信

---

① 参见:Commission française pour l'Unesco, La《société de l'information》, *Glossaire critique*, Paris, La Documentation française, 2005。

息社会"的派生词和更好的替代词。在联合国教科文组织看来,知识社会指知识传播的政治目标,即人们在广泛使用信息科技时,应该尊重文化多样性。教育处于知识社会的核心位置,信息的使用是为了使所有人尽可能平等地获取知识、尊重自由、广泛参与。①

全媒体素养(Translittératie):该词源于英语新词 transliteracy,由 transliterate 派生而成(法语中的 translittérer 意为将一种语言的文章用另一种语言转述)。该词指使用者在信息和传播中可以用到的全部交互能力,包括口头、文本、图像、通信、数字等传播方式(详见亚历山大·赛尔的文章)。全媒体素养包括媒体素养、信息素养、计算机素养等所有素养。

---

① 参见:Durampart, M. (dir.), *Société de la connaissance. Fractures et évolutions*, Paris, CNRS Éditions, 2009, coll. 《Les Essentiels d'Hermès》 et Unesco, *Vers les sociétés du savoir*, 2005。

精选参考文献

Beguin-Verbrugge, Annette et Kovacs, Susan (dir.), *Le cahier et l'écran : culture informationnelle et premiers apprentissages documentaires*, Paris, Hermès sciences, 2011.

Chartron, Ghislaine, Epron, Benoît et Mahé, Annaïg (dir.), *Pratiques documentaires numériques à l'université*, Actes de colloque «Diversité des pratiques documentaires numériques dans les champs scientifiques» (Enssib, 2 juillet 2009), Villeurbanne, Presse de l'ENSSIB, coll. «Papiers», 2012.

Delamotte, Éric et Chapron, Françoise (dir.), *l'éducation à la culture informationnelle*, Villeurbanne, Presses de l'ENSSIB, coll. «Papiers》, 2010.

Dinet, Jérôme (dir.), *Usages, usagers et compétences informationnelles au 21ème siècle*, Paris, Hermès/Lavoisier, 2008.

Forquin, Jean-Claude, *École et culturë Le point de vue des sociologues britanniques*, Bruxelles, De Boeck/Paris, Éditions universitaires, coll.《Pédagogies en développement》, 1989.

Frau-Meigs, Divina, Bruillard, Éric et Delamotte, Éric (dir.), *E-dossier de l'audiovisuel: l'éducation aux cultures de l'information*, Paris, INA éditions, janvier 2011.

Gardiès, Cécile (dir.), *l'éducation à l'information : guide de l'accompagnement pour les professeurs documentalistes*, Dijon, Educagri, 2008.

Guichard, Éric (dir.), *Écritures : sur les traces de Jack Goody*. Actes du colloque international (Enssib, 24-28 janvier 2008) : *colloque*, Presses de l'ENSSIB, 2012. (Papiers).

Jenkins, Henry, *La culture de la convergencë Des médias au transmédia*, Paris, Armand

Colin/INA éditions, coll《Médiacultures》, 2013.

Juanals, Brigitte, *La culture de l'information, du livre au numérique*, Paris, Lavoisier/Hermès Science, 2003.

Kinyindou, Alain (dir.), *Cultures, technologies et mondialisation*, Paris, L'Harmattan, 2010.

Labarthe, Fabien, *Démocratiser la culture multimédia ? Usages et apprentissages en milieu populaire*, Paris, Éditions de la MSH, 2013.

Lahire, Bernard, *La culture des individus : dissonances culturelles et distinction de soi*, Paris, La Découverte, 2004.

Le Deuff, Olivier, *La formation aux cultures numériques. Une nouvelle pédagogie pour une culture de l'information à l'heure du numérique*, Limoges, FYP éditions, 2011.

Liquète, Vincent (dir.), 《Les pratiques informelles et non formelles d'information des jeunes》, *Les Cahiers d'Esquisse*, n° 2, mars 2012.

Liquète, Vincent, Delamotte, Éric et Chapron, Françoise (dir.), 《l'éducation à l'information, aux TIC et aux médias : le temps de la convergence? 》, *Études de communication*, n° 38, 2012, p. 9-22.

Liquète, Vincent et Kovacs, Susan (dir.), *Hermès*, n° 66, *Classer, penser, contrôler*, 2013.

Serres, Alexandre, *Dans le labyrinthe : évaluer l'information sur Internet*, Caen, C & F éditions, 2012.

Serres, Alexandre (dir.), 《Penser la culture informationnelle》, *Les cahiers du numérique*, vol. 5, n° 3, 2009.

Webber, Sheila et Johnston, Bill, 《Transforming Information Literacy for Higher Education in the 21st Century : a Lifelong Learning Approach》, *in* Hepworth, Mark et Walton, Geoff (dir.), *Developing people's information capabilities fostering information literacy in educational, workplace and community contexts*, New York, Emerald, 2013, p. 15-30.

各篇文章作者简介

朱玛娜·布斯塔尼（Joumana Boustany）

法国巴黎笛卡尔大学讲师，教授信息和文献信息技术课程。她也是法国国立工艺学院法兰西岛大区数字时代信息和传播设置实验室（DICEN-idf）的研究员。她的主要研究领域是信息的文化，研究方法是获取和再使用公共数据。她在该领域开展的最新研究与巴黎笛卡尔大学技术学院学生的信息的文化相关。

安娜·科尔迪埃（Anne Cordier）

法国鲁昂大学信息传播学讲师，教学、教育、培训职业（初中教师任职资格证书 MEEF-PRODOC）硕士课程主任。她的研究涉及个人和社会信息行为的构成、发展与重构，信息研究活动和信息地域的愿景，以及和信息—文献内容相关的教学方法。

埃里克·德拉莫特（Éric Delamotte）

法国鲁昂大学信息传播学教授，主持"信息文化"（媒体、文献和数字）领域的研究。在法国国家科学研究中心和法国国家科研署的研究项目中，他对学校内外全媒体素养的发展展开研究。他认为应该构建社会经济、历史和文化研究的框架，对信息在当代培训领域中的地位加以分析。

安娜·雷曼（Anne Lehmans）

法国波尔多大学（阿基坦大区教师与教育高等学校）信息传播科学讲师，法国国家科学研究中心人类认知和工程学实验室研究员，参与法国国家科研署全媒体信息素养项目（全媒体信息素养指媒介素养、信息—文献素养和计算机能力的综合能力）。

文森特·里克特（Vincent Liquète）

法国波尔多大学信息传播学教授，阿基坦大区教师与教育高等学校副校长，法国国家科学研究中心人类认知和工程学实验室研究员,领导了法国国家科研署全媒体信息素养项目。他的研究涉及信息文化和信息能力、职场信息能力、处理信息和文献的可持续能力等。

莫妮卡·马洛温(Monica Mallowan)

加拿大新不伦瑞克省蒙克顿大学信息科学教授,法国普瓦捷大学管理研究中心团队成员。她发起成立了可持续信息、传播和文献研究小组(GRICODD, http://www.umoncton.ca/umcs/node/374),以及蒙克顿大学 PROVIS 信息研究所,对信息和科学进行展望和跟踪研究(http://www.umoncton.ca/umcs/node/354)。她同时也参与组建了蒙克顿大学信息科学研讨会(COSSI, http://www.umoncton.ca/umcs-cossi/)。

布鲁诺·奥利维(Bruno Ollivier)

法国安第列斯-圭亚那大学信息和传播学教授,主要研究法国和拉丁美洲传播科学问题,全球化背景下的身份、文化和技术等问题,以及远程教育系统等。

亚历山大·赛尔（Alexandre Serres）

法国雷恩第二大学信息和传播学讲师，布列塔尼-卢瓦尔大区科学和技术培训区域中心（UR-FIST）的共同负责人及网络协会主席，主要研究信息文化、网络信息评估、互联网发展历史等领域的问题。

安吉拉·斯塔尔德（Angèle Stadler）

法国南特学区文献学教授，获得历史高等深入研究文凭，目前为信息和传播科学博士生。研究主要涉及组织中技术资料的实践。她是信息教学法研究小组的成员，小组得到布列塔尼-卢瓦尔大区科学和技术培训区域中心（UR-FIST）和法国国家科研署全媒体信息素养项目的支持。

弗朗索瓦丝·蒂博（Françoise Thibault）

法国巴黎"人文之家"基金会的高校信息传播技术使用项目负责人，长期致力于信息学和传播学在法国高校的发展和建设，并参与发起法国多家电视台数字校园公开课，目前担任法国教育部创新战略司协调和跨领域政策部门负责人。

图书在版编目(CIP)数据

信息文化/(法)文森特·里克特主编;宋嘉宁译.--北京:中国传媒大学出版社,2024.1

(指尖精粹:法国新闻与传播学辑要译丛)

ISBN 978-7-5657-3386-4

Ⅰ.①信… Ⅱ.①文… ②宋… Ⅲ.①信息学-文化学-研究 Ⅳ.①G201

中国国家版本馆 CIP 数据核字(2023)第 017645 号

Cultures de l'information, sous la direction de Vincent Liquète, © CNRS éditions, pour la version française, 2014

ISBN:978-2-271-12208-7

《信息文化》,文森特·里克特主编,©CNRS 出版社,法文版,2014 年。

本书简体中文版专有出版权由 CNRS 出版社授予中国传媒大学出版社,在全球销售。未经出版者书面许可,任何人不得以任何形式抄袭、复制或节录本书中的任何部分。

北京市版权局著作权合同登记图字:01-2021-4315

信息文化
XINXI WENHUA

主　　编	[法]文森特·里克特
译　　者	宋嘉宁
策划编辑	沈　悦
责任编辑	沈　悦
封面设计	风得信设计·阿东
责任印制	李志鹏

出版发行	中国传媒大学出版社
社　　址	北京市朝阳区定福庄东街 1 号
邮　　编	100024
电　　话	86-10-65450528　65450532
传　　真	65779405
网　　址	http://cucp.cuc.edu.cn
经　　销	全国新华书店
印　　刷	三河市东方印刷有限公司
开　　本	850mm×1168mm　1/32
印　　张	6.375
字　　数	108 千字
版　　次	2024 年 1 月第 1 版
印　　次	2024 年 1 月第 1 次印刷
书　　号	ISBN 978-7-5657-3386-4/G·3386
定　　价	39.00 元

本社法律顾问:北京嘉润律师事务所　郭建平